DALAI LAMA

Im Einklang mit der Welt

Der Friedens-Nobelpreisträger
im Gespräch mit
Jean Shinoda Bolen, Margaret Brenman-Gibson,
Daniel Brown, Jack Engler, Daniel Goleman,
Stephen Levine und Joanna Macy

Deutsch von
Günther Cologna

BASTEI
LÜBBE

BASTEI-LÜBBE-TASCHENBUCH
Band 60405

INHALT

DIE TEILNEHMER
DES PODIUMSGESPRÄCHS

SEINE HEILIGKEIT TENZIN GYATSO, DER XIV. DALAI
LAMA, wurde 1950, mit fünfzehn Jahren, zum geistigen
und weltlichen Oberhaupt Tibets. Seit 1959 lebt er im indischen Dharamsala im Exil. Hier praktiziert und lehrt er den
Buddhismus und erfüllt seine Aufgaben als Oberhaupt der
tibetischen Exilregierung. Außerdem unternimmt er zahlreiche Weltreisen, um die Lehren des Buddhismus auch
anderen zugänglich zu machen und sich für die Erhaltung
der kulturellen und religiösen Einrichtungen sowie für die
Bildungsinstitutionen Tibets einzusetzen.

1989, in derselben Woche, in der diese Gespräche statt-
fanden, wurde ihm für seine Bemühungen, die Unabhän-
gigkeit seines Landes auf friedlichem Wege zurückzuerlan-
gen, der Friedensnobelpreis verliehen.

Zu seinen zahlreichen Buchveröffentlichungen gehören
*Das Buch der Freiheit, Logik der Liebe, Eine Politik der Güte,
Die Weisheit des Herzens* und *Mein Leben und mein Volk.*

JEAN SHINODA BOLEN, Dr. med., ist Psychiaterin und
Jungsche Analytikerin. Sie arbeitet als Professorin für Klinische Psychiatrie im Medizinischen Zentrum der University
of California in San Francisco und schrieb die Bücher *Tao
der Psychologie, Göttinnen in jeder Frau, Götter in jedem
Mann* sowie *Ring of Power.* Einst Mitglied des Verwaltungs-

rats der Foundation for Women von der Zeitschrift *Ms.*, wirkte sie in dem mit dem Oscar ausgezeichneten Dokumentarfilm *Women – for America, for the World* mit. Ihr Interesse gilt unter anderem auch der Erforschung und Verknüpfung der archetypischen und spirituellen Inhalte der Frauenbewegung, der nuklearen Abrüstung und dem Umweltschutz.

MARGARET BRENMAN-GIBSON, Dr. phil., ist Professorin für Klinische Psychiatrie im Cambridge Hospital der Harvard University, Beraterin für Forschung und Lehre am Austen Riggs Center sowie leitendes Mitglied des Forschungsstabs des Center for Psychological Studies in the Nuclear Age. Sie ist Autorin zahlreicher Bücher und hat sich in den letzten beiden Jahrzehnten vorwiegend der Erforschung kreativer Prozesse gewidmet. Der gegenwärtige Schwerpunkt ihrer Arbeit ist die Erforschung kreativer Prozesse in der Rüstungsindustrie in Livermore und den Los Alamos Laboratories. Seit langem verbindet sie ihr psychologisches Fachwissen mit politischem Engagement, besonders im Rahmen der Organisation Physicians for Social Responsibility (Ärzte für gesellschaftliche Verantwortung).

DANIEL BROWN, Dr. phil., ist Leiter einer nahe Boston gelegenen Klinik, in der Patienten behandelt werden, die unter einem durch politische Unterdrückung und Folter verursachten Trauma leiden. Er ist außerdem Direktor der verhaltensmedizinischen Abteilung des Cambridge Hospital, außerordentlicher Professor für Psychologie an der Harvard Medical School sowie außerordentlicher Professor an der Simmons School of Social Work. Seit zwanzig Jahren befaßt er sich mit westlichen und östlichen Betrachtungsweisen. Er ist Mitautor der Bücher *Psychologie der Befreiung* und *Human Feelings* sowie Übersetzer von Meditationstexten aus dem Tibetischen und dem Sanskrit.

JOEL EDELMAN, Dr. jur., arbeitet als Vermittler in Streitfragen, als Anwalt sowie als Familien- und Eheberater in Santa Monica, Kalifornien. Er vermittelt bei Streitfragen innerhalb von wie auch zwischen Familien, Betrieben und internationalen Organisationen und gibt Kurse zur Konfliktbewältigung in diesen Bereichen. Er ist Mitautor des Buches *Two to Make War, One to Make Peace: Preventing and Responding to Conflict in Love, Work and Life*. Außerdem hat er die Gespräche, die in diesem Buch präsentiert werden, koordiniert, die kleineren Gruppendiskussionen organisiert und die Fragen aus dem Publikum gesammelt, strukturiert und vorgetragen.

JACK ENGLER, Dr. phil., arbeitet als Lehranalytiker an der Harvard Medical School sowie als privater Psychotherapeut in einer eigenen Praxis in Cambridge bei Boston. Er hat als einer der ersten eine Beziehung zwischen der Psychoanalyse und der Psychologie des klassischen Buddhismus hergestellt. Jack Engler war Präsident des Verwaltungsrats der Insight Meditation Society in Barre, Massachusetts, und einer der Begründer des neuen Barre Center for Buddhist Studies. Zusammen mit Daniel Brown und Ken Wilber hat er das Buch *Psychologie der Befreiung* geschrieben.

DANIEL GOLEMAN, Dr. phil., ist Psychologe und preisgekrönter Journalist, der in der *New York Times* über Verhaltensforschung schreibt. Zu seinen Arbeitsgebieten gehören auch die in Asien entwickelten psychologischen Systeme und Entspannungstechniken, Meditation sowie Methoden der Streßbewältigung. Er ist Mitglied des wissenschaftlichen Beirats des Mind/Body Medical Institute, Ausschußmitglied des Tibet House in New York und Gründungsmitglied des Mind and Life Forschungsnetzes. Außerdem ist er Autor der Bücher *Lebenslügen, Meditation. Wege nach innen, The Creative Spirit* und Mitautor von *Mind Science*. Während der hier dokumentierten Podiumsgespräche hat Daniel Goleman als Moderator fungiert.

STEPHEN LEVINE ist Dichter und Meditationslehrer und für seine Arbeit im Umgang mit dem Sterben und der Trauer international bekannt. Gemeinsam mit seiner Frau Ondrea hat er das Hanuman Foundation Dying Project geleitet. Er schrieb die Bücher *Wer stirbt? Wege durch den Tod, Sein lassen. Heilung im Leben und im Sterben, A Gradual Awakening, Meetings at the Edge, Guided Meditations* und, zusammen mit Ram Dass, *Schrot für die Mühle*. Er lebt in der Stille der Wälder, die in den Bergen New Mexicos herrscht, und veranstaltet pro Jahr nur wenige Schulungen.

JOANNA MACY, Dr. phil., hat den Schwerpunkt ihrer wissenschaftlichen Arbeit auf Fragen des Buddhismus, der Allgemeinen Systemtheorie und auf ökologische Grundfragen gelegt. Sie leitet in verschiedenen Ländern Workshops und Schulungen, in denen sie diese Bereiche zusammenführt, um dauerhafte Formen gesellschaftlichen Engagements ins Leben zu rufen und zu fördern. Sie ist Autorin der Bücher *World as Lover, World as Self, Despair and Personal Power in the Nuclear Age, Dharma and Development* und *Mutual Causality in Buddhism and General Systems Theory* sowie Mitautorin von *Denken wie ein Berg*. Außerdem ist sie

Initiatorin des Nuclear Guardianship Project für die Überwachung von Atommüll und gehört zum Lehrkörper des California Institute of Integral Studies in San Francisco sowie der Starr King School for the Ministry in Berkeley.

Seine Heiligkeit der Dalai Lama sprach während dieser Veranstaltung manchmal englisch, manchmal tibetisch. Im letzteren Fall dienten ihm Thubten Jinpa und B. Alan Wallace als Übersetzer.

THUBTEN JINPA studiert am King's College in Cambridge und stammt aus Zonghar in Tibet. Den ersten Teil seiner Ausbildung als Mönch erhielt er im Kloster Zonghar Chode in Indien. 1978 wechselte er zum Shartse College der Universität Ganden über, wo er seine Studien in buddhistischer Philosophie, Erkenntnistheorie und Logik vertiefte. 1989 erhielt er den Titel eines Geshe und lehrt seitdem in den Fächern Philosophie und Logik. Er ist einer der Hauptdolmetscher des Dalai Lama.

B. ALAN WALLACE ist graduierter Student der Religionswissenschaften an der Stanford University. Er hat auch an der Library of Tibetan Works and Archives und an der Buddhist School of Dialectics in Dharamsala in Indien sowie am Tibet-Institut und am Zentrum für Höhere Tibetische Studien in der Schweiz studiert. Er ist Autor des Buches *Choosing Reality: A Contemplative View of Physics and the Mind* sowie Übersetzer mehrerer Bücher über tibetischen Buddhismus, tibetische Sprache und tibetische Medizin. Er ist außerdem der spirituelle Leiter der Dharma Friendship Foundation in Seattle in den USA.

VORWORT DES HERAUSGEBERS

Das vorliegende Buch verdankt sich einer unvergeßlichen, dreitägigen Konferenz, die im Oktober 1989 im kalifornischen Newport Beach stattfand. Auslöser war der Wunsch des Dalai Lama, mehr über das westliche Denken und die Beziehung zwischen buddhistischer und westlicher Psychologie zu erfahren.

In Gesprächen zwischen Lobsang Rapgay, dem an westlicher Psychologie interessierten, früheren Stellvertretenden Sekretär des Privatbüros des Dalai Lama, Ronald Wong Jue, dem ehemaligen Präsidenten der Association for Transpersonal Psychology, und Daniel Goleman, dem Psychologen und Redakteur der New York Times für den Bereich Verhaltensforschung, entstand dann die Idee, ein öffentliches Podiumsgespräch unter der Schirmherrschaft der East West Foundation zu veranstalten, in dessen Verlauf Seine Heiligkeit der Dalai Lama und eine Gruppe ausgewählter Therapeuten und Psychologen, die mit dem Buddhismus vertraut waren, Ideen austauschen und einander Fragen stellen konnten. Als man Seine Heiligkeit bat, die Gesprächsthemen und die Form der Gespräche zu bestimmen, zog er es vor, die Entscheidung darüber den anderen Diskussionsteilnehmern zu überlassen, da diese seiner Meinung nach am besten wußten, was ein amerikanisches Publikum interessieren würde.

In den acht Monaten vor der Konferenz trafen sich die Diskussionsteilnehmer mindestens einmal im Monat mit Ronald Jue, Lobsang Rapgay und Joel Edelman, dem Koordinator der Konferenz, um eine sinnvolle Form für die Gespräche zu schaffen, und wenn man sich nicht persönlich treffen konnte, so telefonierte man miteinander. Man wollte Rahmenbedingungen schaffen, die das Ausloten von Fragen über den Buddhismus, die Psychologie und die Verbindung zwischen persönlichem Bewußtsein und globalen Problemen begünstigten. Um dies erreichen zu können, wurde ein Kriterienkatalog für die Gespräche aufgestellt: Sie sollten freundlich und angenehm verlaufen, trotzdem aber Herausforderungen bieten und auch vor Konfrontationen nicht zurückscheuen; sie sollten kein dreitägiges Spektakel, sondern eine kontinuierliche Diskussion sein; das Publikum sollte mit einbezogen werden und nicht bloß schweigend beobachten; und schließlich sollte ein wirklicher Meinungsaustausch stattfinden, der sich nicht darauf beschränkte, Seiner Heiligkeit Fragen vorzulegen. Außerdem sollten der Entstehungsprozeß und die Handhabung der Konferenz dem Konferenzthema entsprechen. Man beschloß, fünfunddreißig erfahrene Diskussionsleiter für kleinere Gruppen aus dem Publikum einzuladen.

Im Juli 1989, drei Monate vor der Konferenz, trafen sich mehrere Mitglieder des Organisationskomitees mit dem Dalai Lama in Santa Monica, Kalifornien. Seine Heiligkeit war begeistert von der »einzigartigen Gestaltung der Konferenz«, die »in sich die Möglichkeit für Verwandlung« berge. Er fügte hinzu, er glaube, dies werde sich »für die Teilnehmer aber eher durch *ihre* Teilnahme an den kleinen Gruppen ergeben als durch das öffentliche Gespräch auf dem Podium«.

Während der Konferenz fand jeden Morgen und jeden Nachmittag eine anderthalbstündige Podiumsdiskussion statt. Dann verteilten sich die beinah eintausend Besucher auf kleine Gruppen von rund fünfundzwanzig Personen, um über ihre Reaktionen, Ideen, Gedanken und Fragen zu sprechen. Anschließend versammelten sich die Leiter dieser Diskussionsgruppen und bestimmten, welche Fragen aus dem Publikum bei der nächsten Gesprächsrunde auf dem Podium behandelt werden sollten.

Dieser Austausch zwischen den kleinen Diskussionsgruppen und den Podiumsmitgliedern funktionierte erstaunlich gut. Der Dalai Lama hatte richtig vorausgesehen, daß diese Struktur alle mit einbeziehen und verändern würde. Wie Sie feststellen werden, waren die Gespräche dynamisch und inhaltsreich, und die Fragen aus dem Publikum stellten eine besondere Bereicherung dar.

An zwei Abenden nach den Gesprächen hielt Seine Heiligkeit öffentliche Vorträge zu den behandelten Themen. Sie bilden die Einführung bzw. das Nachwort dieses Buches.

Es war ein großes Vergnügen für mich, bei der Herausgabe der Gespräche mitzuwirken. Ich möchte Miles Vich, Molly Maguire Silverman, Stephen Batchelor, Pat Aiello, Mark Waldman, Surya Das, Alan Wallace, Ronald Jue, Joel Edelman und allen Teilnehmern des Podiumsgesprächs für ihre Hilfe herzlich danken.

Arnold Kotler
Berkeley, Kalifornien
April 1992

DANKSAGUNG

Als erstes möchte ich den sieben Teilnehmern des Podiumsgesprächs – Daniel Goleman, Stephen Levine, Jean Shinoda Bolen, Daniel Brown, Jack Engler, Margaret Brenman-Gibson und Joanna Macy – von ganzem Herzen danken. Mit großem Einfühlungsvermögen in die gedanklichen und kulturellen Unterschiede zwischen Ost und West hat Daniel Goleman die führende Rolle im Gruppenprozeß übernommen, bei der Auswahl der Teilnehmer zur Ausgewogenheit beigetragen und die Gruppe während der Entwicklung des Gesprächs mit großem Geschick geleitet. Besonderer Dank gebührt auch Joel Edelman, der als Konferenzkoordinator viele wichtige Detailfragen löste, sowie Lobsang Rapgay, der als erster mit der Idee eines Gesprächs mit Seiner Heiligkeit zu mir kam und mit dem ich viele Unterhaltungen über Buddhismus und Psychotherapie führte, die maßgeblich zur Entwicklung dieses Programms beigetragen haben.

Ich möchte an dieser Stelle auch noch folgenden Personen danken: Larry Peters und den vielen anderen, die an der Organisation der Konferenz beteiligt waren; Miles Vich, dessen Ermunterung ausschlaggebend für die Umsetzung der Aufzeichnungen in die Buchform war; Tom und Elizabeth Tierney für ihre großzügige Hilfe in den Anfangsphasen des Buches und Arnold Kotler für die Redaktion und Herausgabe der Aufzeichnungen.

Mein tiefster Dank aber geht an Seine Heiligkeit den Dalai Lama, dessen Leben die spirituellen Werte des Mitgefühls und der Weisheit widerspiegelt, die auch in seinem Engagement für die Verbreitung dieser Werte in der gesamten Weltgemeinschaft zum Ausdruck kommen. Wenige Stunden nach Abschluß der hier wiedergegebenen Gespräche wurde bekannt, daß Seiner Heiligkeit der Friedensnobelpreis für 1989 verliehen worden war.

Ronald Wong Jue
Newport Beach, Kalifornien
Mai 1992

VORWORT VON DANIEL GOLEMAN

Die heute lebende Generation ist die erste in der Geschichte der Menschheit, die mit dem möglichen Ende der Natur und damit mit dem Ende unserer Welt konfrontiert wird. Wir leben auf einem Planeten, der sterben kann. Das *Bulletin of Atomic Scientists* trägt eine Uhr auf dem Titelblatt, die anzeigen soll, wie nahe wir dem Ende sind. Seit Jahrzehnten zeigt die Uhr auf wenige Minuten vor zwölf. Lange Zeit war dies wegen der nuklearen Gefahr so. Jetzt gehört auch die ökologische Gefahr dazu – die Ausbreitung der Wüsten, die Verschmutzung von Luft und Wasser, die Erwärmung des Planeten, die Abholzung der Wälder, von denen jede Minute große Flächen gerodet werden, und so weiter und so weiter. Was wir nun mit der Erde machen, unterscheidet sich nicht von dem, was wir bereits seit einiger Zeit mit der Menschheit machen.

Wir erzeugen heutzutage mehr Nahrungsmittel als je zuvor in der Geschichte der Menschheit, und dennoch hungern mehr Menschen als je zuvor. Es gibt heute mehr Reichtum als je zuvor, und trotzdem ist die Kluft zwischen Arm und Reich gewachsen. Die Demokratie findet weltweit eine immer größere Verbreitung, während zugleich einige der brutalsten Diktaturen der Geschichte erblühen. Und dieses Jahrhundert hat die schrecklichsten Völkermorde der Geschichte erlebt: den Holocaust im Zweiten Weltkrieg, die

Ermordung einer Million Menschen in Kambodscha durch
die Roten Khmer sowie die vielen Millionen Opfer von Sta-
lin und Mao, zu denen auch eine Million Tibeter gehört.

Die Möglichkeit, sofort über alles informiert zu sein,
nimmt uns jede Ausrede. Wir können Armut und Krankheit, Hunger und Unterdrückung, die Ausbreitung der Wüsten und das Schrumpfen der Wälder sehen. Wir sehen das
Leiden einzelner und das des gesamten Planeten nur zu
deutlich. Unsere Erde ist aus dem Gleichgewicht geraten.
Das war der Anlaß für diese Gespräche.

Der Dalai Lama verkörpert jene große Kultur, deren Tradition sich auf Weisheit gründet und die bis in unser Jahrhundert unbeschadet überlebt hat. Und die Brüchigkeit unserer Zeit zeigt sich in eben der Tatsache, daß selbst diese
Kultur nur im Exil vollständig überleben kann. Tibet bildet
die einzige Verbindung unserer modernen Welt mit einer
Zeit, in der das geistige Leben im Mittelpunkt stand und in
der sich die Welt noch in einem Zustand der Harmonie
befand, einer Zeit, in der sich das innere Wissen – die Kunst
des Seins – bis zu seiner höchsten Stufe entwickelte. In
einer Zeit der Orientierungslosigkeit und der Krise ist es
wichtiger denn je, sich dieser Weisheit zu bedienen.

Wissenschaft und Technik haben uns eine ungeheure
Macht über die Natur verliehen; ohne Weisheit aber ist
Macht gefährlich. Wir müssen unsere heutigen Möglichkeiten mit Weisheit verbinden. Seine Heiligkeit der Dalai Lama
spricht oft von der Verflochtenheit aller Dinge. Das heißt,
daß wir eine Schicksalsgemeinschaft bilden. Er hat außerdem gesagt, daß es gerade deshalb, weil die Zeiten so un-
heilvoll sind, eine große Ehre ist, jetzt, in diesem Augenblick, auf dieser Erde zu leben. Wir sind es, die die
Verantwortung tragen, die der Herausforderung gegenüber-

stehen, die sich um diesen Planeten kümmern müssen – nicht nur um unserer selbst willen, sondern um der Zukunft, um unserer Kinder willen.

Während dieser drei Tage im Oktober 1989 traf der Dalai Lama mit sieben namhaften Experten in Newport Beach in Kalifornien zusammen – sie alle üben heilende und helfende Berufe aus, als Psychotherapeuten, indem sie mit Sterbenden arbeiten usw. –, um mit ihnen intensiv über das Wesen des Leidens zu diskutieren und darüber, wie man durch weises und mitfühlendes Handeln dazu beitragen kann, das Leiden unserer Zeit zu überwinden. Durch Diskussionen in kleinen Gruppen und Fragen des Publikums an die Teilnehmer des Podiumsgesprächs bezog der Meinungsaustausch auch die fast eintausend Menschen im Publikum mit ein. Die Stimmen, die in diesem Buch zu Gehör kommen, bringen also auch die Anliegen von uns allen zum Ausdruck.

EINFÜHRUNG VON SEINER HEILIGKEIT DEM DALAI LAMA: ALTRUISTISCH LEBEN

Mitgefühl, Liebe und Altruismus sind nicht nur religiöse Eigenschaften. Menschen und selbst Tiere brauchen Mitgefühl und Liebe, um sich entwickeln, durchhalten und überleben zu können. Schon vor unserer Geburt, als wir noch im Mutterleib waren, war unsere innere Ruhe eng mit der unserer Mutter verknüpft. Später, in den ersten Wochen nach der Geburt, dieser entscheidenden Phase in unserem Leben, waren selbst so einfache Dinge wie die Berührung durch die Mutter ausschlaggebend für die Entwicklung unseres Gehirns. Die folgenden ersten Jahre hätten wir ohne die Zuwendung oder die Liebe unserer Eltern oder eines anderen Menschen nicht überlebt. Auch jetzt als Erwachsene brauchen wir noch jemanden, dem wir vertrauen und von dem wir Zuneigung erfahren können. Und wenn wir eines Tages alt sein werden, werden wir erneut in hohem Maße auf die Liebe anderer angewiesen sein. So ist das menschliche Leben.

Unsere Zukunft hängt von der jüngeren Generation ab. Um eine Generation gesunder Menschen heranzuziehen, ist es wichtig, ihnen bereits von klein auf eine liebevolle Umgebung zu bieten. Man sieht es Kindern leicht an, wenn sie von ihren Eltern, aus unterschiedlichen Gründen, vernachlässigt wurden und sich deshalb hilflos und unsicher fühlen. Sie sind ständig unruhig, und irgendwie ist ihr ganzes

Leben ruiniert. In einer intakten Familie, in der Kinder
ständig Liebe und Schutz erfahren, sind sie glücklich und
entwickeln Selbstbewußtsein. Dadurch sind sie auch gesünder und empfinden ihr Leben als etwas Kostbares. Entscheidend dafür sind Mitgefühl und Liebe.

Was ist der Sinn des Lebens? Ich glaube, daß Zufriedenheit, Freude und Glück die höchsten Ziele im Leben sind.
Und die Quelle für das Glücklichsein sind ein gutes Herz,
Mitgefühl und Liebe. Mit einer solchen Einstellung können
wir uns unseren inneren Frieden bewahren, auch wenn wir
von Feindseligkeit umgeben sind. Fehlt uns hingegen das
Mitgefühl und sind wir voller Wut und Haß, dann werden
wir keinen Frieden finden, ganz gleich, wie die Situation
um uns herum beschaffen ist. Ohne Mitgefühl sind wir
unsicher und entwickeln mit der Zeit Angstgefühle und ein
mangelndes Selbstbewußtsein. Dann kann uns selbst eine
Kleinigkeit aus unserem inneren Gleichgewicht bringen.
Sind wir jedoch innerlich ruhig, dann wissen wir selbst bei
einem ernsthaften Problem, wie wir uns verhalten müssen.

Um die menschliche Intelligenz voll nutzen zu können,
brauchen wir Gelassenheit. Geraten wir im Zorn aus der
Fassung, wird es schwierig, unsere Intelligenz richtig einzusetzen. Sind wir labil und stehen unter dem Einfluß ne-
gativer Gedanken, so setzen wir unsere Intelligenz falsch
ein. Ein Blick in die Geschichte der Menschheit während
der letzten Jahrtausende und besonders während dieses
Jahrhunderts zeigt, daß menschliche Tragödien wie der
Holocaust auf negative Gefühle wie Haß, Wut, Angst und
Mißtrauen zurückzuführen sind. Und wir erkennen auch,
daß die vielen erfreulichen Entwicklungen in der Mensch-
heitsgeschichte auf positive Grundhaltungen, etwa das Mitgefühl, zurückzuführen sind.

In der modernen Wirtschaft ist jede Nation von anderen Nationen abhängig. Selbst einander feindlich gesinnte Nationen müssen wirtschaftlich und bei der Nutzung der Ressourcen dieser Erde zusammenarbeiten. Sowohl weltweit als auch innerhalb der Familie sind die Menschen also auf Harmonie und Zusammenarbeit angewiesen. Echte Kooperation basiert aber nicht auf Gewalt, sondern auf gegenseitigem Respekt. Das wichtigste dabei ist eine altruistische Haltung.

Wenn ein Individuum ein Verantwortungsgefühl gegenüber der Menschheit verspürt, dann wird es von sich aus für den Schutz der Umwelt eintreten, wozu auch die Verlangsamung des industriellen Wachstums und des Bevölkerungswachstums gehört. Wenn wir engherzig denken und nur unsere eigene Umgebung im Auge haben, werden wir keine positive Zukunft schaffen. Wenn wir in der Vergangenheit die langfristigen Auswirkungen unseres Handelns außer acht ließen, so war dies weniger schwerwiegend. Heute können wir durch Wissenschaft und Technik zwar viel mehr Gutes bewirken, aber auch viel größeren Schaden anrichten. Die Bedrohung durch die Atomwaffen und die Fähigkeit, unsere Welt etwa durch das Abholzen ganzer Wälder, durch die Verschmutzung der Umwelt und die Zerstörung der Ozonschicht zu vernichten, ist besorgniserregend. Wir alle können darin die Gefahr möglicher Tragödien erkennen.

Aber andere, kaum sichtbare Veränderungen wie der Verlust natürlicher Ressourcen, etwa des Mutterbodens, sind vielleicht noch gefährlicher, denn wenn wir die Auswirkungen zu spüren bekommen, ist es bereits zu spät. Echte Zusammenarbeit und ein wirkliches Gefühl der Verantwortung, das sich auf Mitgefühl und Altruismus gründet, erfordern also nicht nur, daß wir andere Menschen respektieren, sondern auch, daß wir Respekt vor anderen Lebewesen und vor der Umwelt haben, daß wir sie schützen und es unterlassen, in die natürlichen Lebensprozesse einzugreifen. Für jede Art von Tätigkeit, die die Zufriedenheit und das Glück des einzelnen, der Familie, der Nation und der internationalen Gemeinschaft berührt, ist Altruismus der Schlüssel.

Da ich viele Weltreisen mache und dabei Menschen aus allen Lebensbereichen begegne, kann ich feststellen, daß sich inzwischen viele Menschen ernsthaft mit diesen Dingen auseinandersetzen und meine Ansichten teilen. Die Grundfrage ist, wie wir Mitgefühl entwickeln und es bewahren können. Bestimmte religiöse Überzeugungen, falls Sie solche haben, können dabei sehr hilfreich sein. Sollten Sie aber keine haben, können Sie auch ohne sie glücklich sein. Auf Mitgefühl, Liebe und die Bereitschaft, anderen zu vergeben, kann allerdings nicht verzichtet werden. Sie sind für unser Überleben unerläßlich.

Immer wenn ich über die Bedeutung des Mitgefühls und der Liebe spreche, fragen mich die Leute, mit welcher Methode man beides entwickeln kann. Die Antwort darauf ist nicht leicht. Ich glaube nicht, daß es irgendein Programm oder eine Methode gibt, die es einem ermöglichen, diese Eigenschaften schlagartig zu entfalten. Man kann sie nicht durch Knopfdruck herbeizaubern. Ich weiß, daß viele Menschen so etwas von einem Dalai Lama erwarten, aber alles, was ich anzubieten habe, ist meine eigene Erfahrung. Wenn Sie daran etwas Nützliches finden, dann hoffe ich, daß Sie davon Gebrauch machen. Wenn Sie dem aber nichts Interessantes abgewinnen können, dann ist es mir durchaus recht, wenn Sie sich nicht weiter damit befassen.

Ich bin der Ansicht, daß wir damit beginnen müssen, unsere eigene alltägliche Erfahrung zu untersuchen und etwas über die Erlebnisse unserer Nachbarn zu lesen, damit wir die Auswirkungen von Wut einerseits und von Liebe und Mitgefühl andererseits erkennen können. Wenn wir diese beiden Haltungen vergleichend untersuchen, dann werden wir ein tieferes Verständnis für die negativen Folgen der Wut und für die positiven Auswirkungen des Mitgefühls entwickeln.

Wenn wir erst einmal von den positiven Auswirkungen des Mitgefühls und den negativen Folgen des Hasses und der Wut überzeugt sind – daß sie uns stets unglücklich machen –, dann werden wir uns stärker darum bemühen, weniger Wut zu empfinden. Wir werden etwas behutsamer an die Dinge herangehen. Meist denken wir, die Wut schütze uns vor etwas, aber das ist eine Täuschung. Darum muß man sich vor allem der negativen Konsequenzen von Haß und Wut bewußt werden. Ich habe erfahren, daß negative Gefühle in keiner Weise helfen.

Manchmal glauben die Menschen, daß man angesichts einer Naturkatastrophe oder einer von anderen verursachten Tragödie mit mehr Kraft und Mut reagieren kann, wenn man wütend ist. Aber ich habe die Erfahrung gemacht, daß uns Wut zwar die Energie verleiht, etwas zu tun oder zu sagen; aber dabei handelt es sich um blinde Energie, die sich nur schwer kontrollieren läßt. In jenem Augenblick mag uns das vielleicht gleichgültig sein, aber schon kurz darauf tut es uns leid. Im Zorn benutzen wir grobe oder verletzende Worte, die wir, wenn sie erst einmal ausgesprochen wurden, nicht mehr zurücknehmen können. Wenn die Wut dann später verflogen ist und wir derselben Person wieder begegnen, fühlen wir uns entsetzlich. Wir haben in jenem Augenblick unser Urteilsvermögen verloren und waren halb verrückt.

Es gibt viele verschiedene Ebenen und Intensitäten der Wut. Wenn ein kleiner Anflug von Wut in uns aufsteigt, läßt sie sich leicht unter Kontrolle bringen. Aber wenn eine stärkere, intensivere Wut in uns aufsteigt, müssen wir auf verschiedene Methoden zurückgreifen, um sie in den Griff zu bekommen. Wenn wir negative Geisteshaltungen erst einmal als etwas Negatives erkannt haben, wird dies allein schon ihre Heftigkeit mildern.

Ich stamme aus dem Nordosten Tibets. Die Leute aus jener Gegend sind bekannt für ihre aufbrausende Art. Wenn ich also wütend werde, kann ich das als Ausrede benutzen. Als ich fünfzehn oder zwanzig Jahre alt war, war ich ziemlich aufbrausend. Aber durch mein buddhistisches Training und durch schwierige Erfahrungen ist es mir gelungen, mein mentales Gleichgewicht zu stabilisieren. Schwierige Erfahrungen sind eine gute Schule für den Geist. Sie helfen uns, eine Art innerer Entschlossenheit zu entwickeln.

Verglichen mit der Zeit vor etwa zwanzig oder dreißig Jahren ist mein inneres Gleichgewicht heute viel stabiler. Natürlich kommt es auch heute noch vor, daß mich etwas stört, aber das geht rasch vorbei, und heftige Gefühlsaufwallungen sind mir fast unbekannt. Folglich empfinde ich mehr Freude und Glück. Wenn ich sehr schlechte Nachrichten erhalte, habe ich einige Minuten lang ein unangenehmes Gefühl, aber anschließend spüre ich keine größere Unruhe mehr. Durch Übung können wir uns verändern. Wir können uns weiterentwickeln. Infolge meines Trainings bleibe ich innerlich stets relativ ruhig. Ich fühle mich normalerweise entspannt und erfreue mich guter Gesundheit. Ich nehme keine Schlaftabletten und habe stets Appetit.

Aus eigener Erfahrung bin ich davon überzeugt, daß wir mit weniger Wut glücklicher und gesünder werden, häufiger lächeln und lachen und mehr Freunde haben.

Die menschliche Intelligenz ist eine unserer besten Eigenschaften. Durch sie können wir die kurz- und langfristigen Konsequenzen unserer Handlungen abschätzen. Sie kann aber nicht richtig funktionieren, wenn wir im Bann starker Emotionen stehen. Reagieren wir im Zorn, so wissen wir nicht, ob unsere Handlung die erwünschte Wirkung haben wird oder nicht. Wenn wir jedoch frei von Wut sind, können wir die Situation analysieren und uns überlegen, ob eine harte Gegenmaßnahme erforderlich ist. Lautet die Antwort ja, können wir diese Maßnahme reinen Gewissens ergreifen. Wenn wir ein aufrichtiges Gefühl globaler Verantwortung haben, dann machen wir uns auch über die andere Person und die langfristigen Auswirkungen für sie Gedanken. Vor diesem Hintergrund erkennen wir, daß eine Gegenmaßnahme, die nicht im Zorn ergriffen wurde, passender und wirkungsvoller ist. Der einzige Nutzen der Wut ist die Energie, die sie uns verleiht. Aber Energie können wir auch aus anderen Quellen schöpfen, ohne uns oder anderen dabei zu schaden.

Wir nennen jemanden, der uns direkt oder indirekt schadet, unseren »Feind«. In der Regel mögen wir unseren Feind nicht – das ist die Definition des Feindes. Im allgemeinen betrachten wir unseren sogenannten Feind als jemand Außenstehenden, als einen einzelnen oder eine Gruppe, der oder die unseren Besitz zerstören kann, unseren Freunden etwas antun oder uns sogar das Leben nehmen kann. Gehen wir der Sache aber auf den Grund, dann erkennen wir, daß diese drei Dinge – Besitz, Freunde und unser Körper – nicht zu 100 Prozent Quellen reinen Glücks für uns sind. Manchmal vergrößert unser Besitz unseren Kummer; durch unsere Freunde können wir in Schwierigkeiten kommen; durch unseren Körper vergrößert sich unsere Qual. Auch wenn man sich von diesen Dingen Glück erwartet, können wir uns nicht darauf verlassen. Wir könnten sagen, daß sie zu 70 bis 80 Prozent Quellen des Glücks sind, aber sicher nicht zu 100 Prozent.

Andererseits ist innere Ruhe oder Gelassenheit eine sehr wichtige Quelle des Glücks. Es ist fast sicher, daß aus innerer Ruhe Freude entspringt. Ein äußerer Feind, wie mächtig er auch sein mag, kann unsere innere Ruhe nicht direkt angreifen, weil sie sich nicht in irgendeiner Form manifestiert. Diese höchste Quelle des Glücks oder der Freude kann nur durch unsere eigene Wut zerstört werden. Der wahre Feind, der tatsächliche Widersacher der Freude ist die Wut.

Diese Überlegungen ähneln einem Experiment, einer wissenschaftlichen Untersuchung. Wenn Wissenschaftler bei ihren Forschungen etwas Nützliches entdecken, entwikkeln sie es weiter, finden sie hingegen etwas Schädliches oder Giftiges, dann meiden sie es. Mit dem Geist ist es genauso. Es gibt zahlreiche verschiedene Gemütsverfassungen, Gedanken und Geisteszustände, und alle haben einen direkten Einfluß auf unser Glück. Wenn wir unsere verschiedenen Geisteszustände untersuchen, können wir jene fördern und entwickeln, die positiv und wohltuend sind, und jene meiden und auslöschen, die negativ und destruktiv sind. Der grundlegende Unterschied zwischen der Erforschung äußerer Materie und der des Geistes besteht darin, daß man für ersteres große Labors, viel Personal und ein riesiges Budget benötigt. Zur Erkundung der Innenwelt hingegen genügt es herauszufinden, welche Gedanken nützlich und welche schädlich sind, und dann jene zu bewahren und zu entwickeln, die uns gefallen, wobei wir uns aber ständig hierum bemühen müssen. Mit der Zeit wird unser Gemütszustand viel ausgeglichener sein, und wir werden feststellen, daß wir weit glücklicher und ruhiger sind. Das ist eine Art Yoga für den Geist. Es ist sehr lohnend und dabei so einfach.

Das Lächeln ist eine der schönsten Eigenschaften des Menschen. Es gibt nicht viele andere Tiere, die lächeln. Ich war kürzlich im »Sea World«, wo ich sehr intelligente Tiere sah, die gewisse Ähnlichkeiten mit den Menschen aufweisen, aber sie lächelten nicht. Es gibt zwei Arten von Lächeln: echtes und gekünsteltes. Wenn unser Lächeln echt und aufrichtig ist und einem Mitgefühl oder Altruismus entspringt, dann tröstet es uns.

Jeden Morgen, wenn wir aufwachen, können wir uns ermahnen, eine altruistische Haltung einzunehmen. Wenn wir eine altruistische Haltung einnehmen, bewirkt sie viel Gutes. Aber wenn wir voller Wut, Haß oder Eifersucht erwachen, werden diese negativen Emotionen bewirken, daß wir den ganzen Tag damit verbringen, uns mißtrauisch und unbehaglich zu fühlen. Wenn wir diese Dinge anhand unserer eigenen Erfahrungen und der Erzählungen unserer Bekannten über ihren Alltag ernsthaft betrachten und analysieren, werden wir allmählich zu mehr Ausgeglichenheit finden und dadurch imstande sein, den Augenblick, in dem ein negatives Gefühl in uns aufkeimt, zu erkennen.

Ich praktiziere diese Dinge und weiß, daß sie helfen. Ich versuche, allen Menschen gegenüber aufrichtig zu sein, selbst den Chinesen gegenüber. Wenn ich Feindseligkeit, Zorn oder Haß entwickele, wer ist dann der Leidtragende? Ich verliere meine Zufriedenheit, meinen Schlaf und mei-

nen Appetit, aber die Chinesen stören meine Gefühle nicht
im geringsten. Wenn ich aufgewühlt bin, verschlechtert
sich mein körperlicher Zustand, und einige Menschen, die
ich glücklich machen könnte, werden so nicht glücklich
werden.

Einige mögen mich kritisieren, aber ich versuche, fröh-
lich zu bleiben. Wenn wir wirklich etwas für die Freiheit
und die Gerechtigkeit tun wollen, dann ist es am besten,
wenn wir dies ohne Wut und ohne Feindseligkeit tun. Mit
innerer Ruhe und einer aufrichtigen Bereitschaft können
wir dreißig, vierzig Jahre lang hart arbeiten. Ich glaube, daß
durch mein eindeutiges Bekenntnis zur Gewaltlosigkeit,
das auf einem echten Glauben daran beruht, daß alle Menschen Schwestern und Brüder sind, einige positive Resul-
tate erzielt worden sind.

DAS WESEN DES LEIDENS

JOANNA MACY: Eure Heiligkeit, in seiner wundervollen und zugleich ernüchternden Einleitung hat uns Daniel Goleman an die Situation unserer Erde erinnert. Er weist darauf hin, daß wir dem Ende der menschlichen Gattung und dem Ende unserer Mitgeschöpfe extrem nahe sind. Wir befinden uns in einer Zeit großer Gefahren, die uns eine sofortige und entschiedene Reaktion abverlangt.

Wenn ich meine eigene Arbeit betrachte, so stelle ich fest, daß es viele verschiedene Arten gibt, auf das Leiden in dieser Welt zu reagieren. Viele Menschen, die zum Mitgefühl bereit sind, wissen um die Probleme, aber sie wollen das volle Ausmaß dieser Probleme aus irgendwelchen Gründen nicht wahrhaben. Es ist einfach zu schmerzlich und zu überwältigend, sich mit all diesen Problemen auseinanderzusetzen, also leben diese Menschen ihr normales Leben weiter und sprechen mit Freunden oder Verwandten kaum einmal über das Leiden in unserer Welt. Die Leute scheinen sich in zwei Arten von Hoffnung zu flüchten: daß wir mit unserem technischen Know-how die Dinge schon irgendwie in den Griff bekommen und daß schon alles gutgehen wird, wenn wir nur friedlich und guten Willens sind. Meine Frage, Eure Heiligkeit, lautet, ob diese Arten der Hoffnung uns daran hindern, die Dinge so zu sehen, wie wir sie sehen müssen. Kann die Hoffnung ein falscher Trost sein und uns davon abhalten, das zu tun, was wir tun müssen?

DALAI LAMA: Wenn »Hoffnung« uns daran hindert, den wirklichen Stand der Dinge zu erkennen, dann ist dies ein Problem. Im allgemeinen aber finde ich Hoffnung sehr wichtig. Ob wir nun erreichen, was wir uns erhoffen, oder nicht – es ist wichtig, daß wir uns die Hoffnung bewahren. Hoffnung ist die Basis für unsere Zukunft, die Grundlage für Erfolg. Wenn wir hoffnungsvoll bleiben und dabei eine optimistische Haltung bewahren, dann sorgen wir uns auch weniger.

Wenn ich an die globale Situation in der heutigen Zeit denke, finde ich viele Gründe, um optimistisch zu sein. Angesichts der Gefahr eines atomaren Holocaust erkennen immer mehr Menschen, daß es vollkommen unakzeptabel ist, Konflikte durch Kriege auszutragen. Trotz verschiedener Ideologien und Wirtschaftssysteme versuchen viele Menschen, den Krieg zu vermeiden und Formen der Koexistenz zu finden, und ich glaube, daß der Wunsch nach Frieden deutlich zugenommen hat. In den letzten Jahren habe ich eine Reihe von Physikern kennengelernt, die viel zur Entwicklung nuklearer Waffen beigetragen haben und die sich inzwischen sehr für den Frieden einsetzen. Die moderne Technik hat die Kommunikationsmöglichkeiten erheblich verbessert, und als Folge davon wurden auch unsere gegenseitigen Beziehungen verbessert. Begriffe wie »Nation« und »Kontinent« haben etwas von ihrer Wichtigkeit verloren. In Europa wird vielen jungen Leuten – Deutschen, Italienern, Franzosen – klar, daß es enge Verbindungen zwischen ihnen gibt.

Ein anderes Phänomen der Gegenwart ist der Zerfall

totalitärer Systeme. Die Menschen wollen Freiheit und mehr Bewegungsraum. Das wollen selbst die Tiere. Die Konsequenz dieses menschlichen Freiheitsdrangs ist das Streben nach Demokratie, nicht nur in Osteuropa, sondern auch auf den Philippinen, in Palästina und in Lateinamerika. Für mich zeigt dies, daß die grundsätzlichen Wesenszüge des Menschen die Oberhand gewinnen, und das ist ein hoffnungsvolles Zeichen.

Bis zu Beginn dieses Jahrhunderts verbrauchten die Menschen die natürlichen Ressourcen dieser Erde, als ob sie unbegrenzt wären. Niemand machte sich ernstliche Sorgen um die Erde. Heute hingegen gibt es sogar politische Parteien, die den Umweltschutz zum Grundbestandteil ihres Selbstverständnisses gemacht haben. Die Erweiterung des menschlichen Wissens hat es uns ermöglicht, mehr in die Tiefe zu gehen. Die langfristigen Auswirkungen unserer Handlungen sind deutlicher geworden, und es wächst die Anzahl derer, die ihre tiefe Sorge um unsere natürliche Umwelt zum Ausdruck bringen. Auch das ist sehr positiv.

Jahrhundertelang haben die Menschen im Westen die materiellen und spirituellen Belange als völlig voneinander getrennte Bereiche betrachtet. Heute begegne ich vielen Menschen, die erkennen, daß dies nicht so ist. Sie sehen ein, daß es sinnlos ist, unsere Gefühle oder unsere inneren Erfahrungen zu vernachlässigen. Auch wenn ein Großteil der modernen Wissenschaft noch im Elfenbeinturm stattfindet, waren doch wir Menschen diejenigen, die sie geschaffen haben, damit wir davon profitieren können. Manchmal freilich lassen wir uns von der Begeisterung über die Technologie davontragen und vergessen darüber die Menschlichkeit, doch inzwischen ist das Wesen einer derart begrenzten Sichtweise deutlich geworden. Wir haben erkannt, daß wir durch die Wissenschaft und durch materielle Errungenschaften allein niemals wirkliche Zufriedenheit erfahren können. Zufriedenheit muß von innen kommen. Die Tatsache, daß wir uns wieder des Grundwesens unserer Menschlichkeit besinnen, ist eine gesunde, positive Entwicklung. Deshalb habe ich viele Gründe, eher voller Hoffnung zu sein als pessimistisch.

Letztlich aber müssen wir uns daran erinnern, daß Hoffnung bloß Hoffnung ist. Wenn die Hoffnung nicht zu Taten führt, nützt sie nicht viel. Obwohl ich bete, glaube ich, um ehrlich zu sein, nicht sonderlich an das Gebet. Handeln ist weit wichtiger als lediglich zu beten. Wenn auf unsere Einsichten keine Taten folgen, dann nützen sie nichts. Wirkliche Ergebnisse erlangt man durchs Handeln, nicht bloß durchs Hoffen.

JOANNA MACY: Wenn Menschen beginnen, sich in einer Frage, die sie bewegt – Atommüll, Tierversuche oder andere Probleme –, zu engagieren, entdecken sie oft, daß das Leid noch größer ist, als sie es sich zuvor vorgestellt hatten. Eure Heiligkeit, könnt Ihr spirituelle oder geistige Übungen empfehlen, die es uns ermöglichen, uns direkt mit dem Leid auseinanderzusetzen und uns nicht abzuwenden?

DALAI LAMA: Die Einstellung, die wir dem Leiden gegenüber haben, spielt eine große Rolle. Wenn wir es uns aus zu großer Nähe ansehen, kann es uns überwältigen, so daß zum Leid auch noch unsere Niedergeschlagenheit und unsere Beklemmung hinzukommen. Betrachten wir es hingegen aus einer anderen Perspektive, erkennen wir vielleicht, daß es zwar wirklich schrecklich ist, aber daß es noch schlimmer sein könnte. Diese Betrachtungsweise mildert

unsere Angst und unser Leiden. Jedes Ereignis hat eine
Reihe von Aspekten. Wenn wir nur einen negativen Aspekt
ins Auge fassen, denken wir nur an ihn, und das könnte
dann unsere Kräfte übersteigen.

Im Buddhismus verdrängen oder meiden wir das Leiden
nicht. Vielmehr konzentrieren wir uns darauf, wobei wir
uns einer Art analytischer Betrachtungsweise bedienen.
Nehmen wir das Beispiel einer Person, die uns Leid zugefügt hat: Wenn wir diese Person lediglich als jemanden
sehen, unter dem wir gelitten haben, dann können wir von
unserer Wut überwältigt werden. Fügen wir dieser Betrachtungsweise aber die Erinnerung an etwas sehr Schönes
hinzu, das diese Person in der Vergangenheit einmal getan
hat, so erweitert sich der Blickwinkel, und es dürfte uns
nicht mehr allzu schwerfallen, geduldig zu sein und die
innere Kraft zu entwickeln, die wir benötigen, um unser
negatives Gefühl zu überwinden. Ein derartiges bedauer-
liches Ereignis kann uns sogar helfen, unsere innere Kraft
zu steigern, was oft schon ausreicht, unser negatives Gefühl
gegenüber der anderen Person zu reduzieren.

Eine Situation auf diese Weise zu untersuchen heißt, sie
zu durchdringen. Wenn man etwas verdrängen oder meiden will und lieber ein Picknick veranstaltet oder in den
Urlaub fährt, kann dies zwar kurzfristig etwas Erleichte-
rung bringen, aber das Problem bleibt bestehen. Wenn wir
also das Leid oder die Tragödie durchdringen und ihr Wesen aus einer differenzierten Perspektive betrachten, statt
sie beiseite zu schieben, entwickelt sich die geistige Haltung ein Stück weiter, und man hat wirklich die Chance,
das Problem zu lösen.

MARGARET BRENMAN-GIBSON: Gandhi hat gesagt: »Wir dürfen jemanden, der unrecht tut, nicht als schlechten Menschen betrachten; wir müssen von ihm oder ihr denken, daß er oder sie eine böse oder folgenschwere Tat verübt hat, daß es aber immer noch eine weitere Möglichkeit gibt.«

DALAI LAMA: Ja, das ist sehr wichtig. Es ist wichtig, diese Unterscheidung zwischen Tat und Täter vorzunehmen und den Täter nicht als hundertprozentig schlecht hinzustellen.

Wenn Sie also das Leiden verringern wollen, können Sie Ihren Geist davon ablenken oder es analysieren und durchdringen. Sie haben die Tierversuche erwähnt. Vom buddhistischen Standpunkt aus sind alle empfindungsfähigen Wesen – also Wesen, die Gefühle, Erfahrungen und Empfindungen haben – gleichwertig. Die Vorstellung, ein Lebewesen zugunsten eines anderen zu opfern, ist für uns also nicht akzeptabel. Es könnte aber einen außergewöhnlichen Fall geben, in dem das Leben eines Wesens geopfert werden muß, um eine ganze Art oder ein einzelnes Lebewesen zu retten, das die Fähigkeit hat, mehr Glück für eine größere Gemeinschaft von Wesen zu schaffen als jenes andere. Es könnte zum Beispiel vorkommen, daß man sich auf der Suche nach neuen Methoden für die Behandlung einer bestimmten Krankheit in der Situation befindet, Laborversuche an bestimmten Tieren vornehmen zu müssen. Befindet man sich in einer derartigen Situation, gibt es zwei Arten, mit dem Leid, das man verursacht, umzugehen: die Empfindungen und Gefühle der Tiere vollkommen zu ignorieren oder zu versuchen, das Leiden der Tiere wahrzunehmen, während man zugleich an den langfristigen Nutzen, den das Experiment haben kann, denkt. Wenn Sie an einem solchen Experiment beteiligt sein müssen, kann diese zweite Vorgehensweise zu weniger Beklemmung führen. Vergleichen wir diese beiden Arten, mit dem Problem umzugehen, dann ist es bei weitem besser, sich sowohl des durch das Experiment verursachten Leids als auch des Nutzens bewußt zu sein, als das Leiden der Tiere zu ignorieren. Das rechtfertigt nicht, ein Tier zu opfern, aber es ist vielleicht eine bessere Art, einen Versuch auszuführen, als die Empfindungen und die Qual des Tieres zu übergehen.

MARGARET BRENMAN-GIBSON: Mir scheint, wir gehen auf sehr dünnem Eis, wenn Ihr sagt, daß es zum Wohle der Menschheit vielleicht in Ordnung ist, bestimmte Tiere zu opfern. Wer soll entscheiden, auf wessen Seite das Recht des größeren Nutzens liegt?

DALAI LAMA: Ja, ich stimme Ihnen zu, das ist eine sehr heikle Frage. Die Logik, die diesem Gedankengang zugrunde liegt, ist, daß man ein Lebewesen opfern darf, um viele zu retten. Das ist vielleicht eher richtig, als viele zu opfern, um bloß eines zu retten. Aber das beste ist, Tierversuche zu vermeiden.

Dennoch, in extremen Fällen kann es vorkommen, daß man ein Tierleben in einem Experiment opfern muß, um Menschenleben zu retten. Der vorhin dargestellten Logik entsprechend wäre es verständlich, unter bestimmten Bedingungen einen solchen Versuch durchzuführen, da die Menschen ein größeres Potential besitzen, mehr Lebewesen zu helfen.

DANIEL BROWN: Eure Heiligkeit, ich fürchte, daß die Aussage, manchmal sei es erlaubt, anderen Schaden und Leid

zuzufügen, wenn es einem höheren Wohl dient, leicht mißbraucht werden kann. In vielen Ländern kommt es beispielsweise vor, daß Menschen plötzlich verschwinden, gefoltert und manchmal getötet werden. Wenn man Folterer
befragt, antworten diese oft, sie hätten in ihrer Tätigkeit
nichts Falsches gesehen, da sie es für das Wohl ihrer poli-
tischen Gruppierung getan hätten. In dieser Haltung steckt
aber ein Denkfehler, denn sie haben nicht zum Wohle der
Menschheit gehandelt, sondern nur, um eine bestimmte
Gruppierung an der Macht zu halten. Aber diese Menschen
scheinen die ernsthafte Überzeugung zu haben, daß ihre
Handlungen einem höheren Zweck dienen. Deshalb
möchte ich Euch fragen: Wie erreicht man es, daß altruistische Wünsche, eine korrekte Haltung und Weisheit zusam-
menkommen?

DALAI LAMA: Die von Ihnen beschriebene Art von Mißverständnis beruht auf Ignoranz. Das beste Gegenmittel ist die
Entwicklung von Altruismus auf der Grundlage von Weisheit. Theoretisch gesehen mag es zwar richtig sein, ein Lebewesen zum Wohle vieler zu opfern, doch es ist äußerst
schwierig, diese Anschauung in der Praxis anzuwenden.
Wir müssen die Situation genau untersuchen, und oft ist
es äußerst schwierig, sich darüber klar zu werden, wie man
handeln soll. Manchmal ist die Situation so komplex, daß
man eine Art sechsten Sinn braucht, um zu erkennen, welchen Weg man einschlagen soll. Am sichersten ist es, solche
Situationen erst gar nicht entstehen zu lassen.

MARGARET BRENMAN-GIBSON: Dan Browns Frage erinnert mich an einen Ausspruch meines Lehrers Erik Hom-
burger Erikson: »Wir behandeln andere Nationen oder Völ-

ker, als ob sie einer anderen Gattung angehörten, und glauben dann, es wäre in Ordnung, sie umzubringen, wenn das unserem ›Fortschritt‹ dient.«

Während des Vietnamkrieges hieß es oft, wir seien dort, um die Vietnamesen zu befreien, sogar als wir tonnenweise TNT über ihnen abwarfen. Als Daniel Ellsberg, der ursprünglich als »kalter Krieger« für die Regierung arbeitete, nach Vietnam kam, erkannte er, daß die Vietnamesen nicht einer anderen Gattung angehören, und er sagte über sie: »Die Vietnamesen wurden mir so vertraut wie meine eigenen Hände.« Schon bald wurde es ihm unmöglich, den Krieg noch weiter zu unterstützen.

Aufgrund seiner Empathie, also der Fähigkeit, sich in die Gefühle anderer Wesen hineinzuversetzen, konnte er nicht mehr so wie bisher weiterleben. Er mußte sich dagegen auflehnen, um nicht nur seine persönliche Rolle, sondern auch die der US-Regierung in diesem ungerechten Krieg zu beenden. Also veröffentlichte er in den berühmt gewordenen *Pentagon Papers* die Wahrheit über diesen Krieg. Das Einfühlungsvermögen ist also eine Basis für den Bewußtseinswandel und dafür, daß man sich nicht vom Leid abwendet. Wenn Sie sehen und fühlen, daß »Sie ich sind und ich Sie bin«, dann können Sie sich nicht mehr vom Leid abwenden, sondern Sie müssen sich gegen das Unrecht auflehnen. Glaubt Ihr nicht auch, Eure Heiligkeit, daß wir zu der Ansicht neigen, wir hätten ein Recht, anderen Leid zuzufügen oder sie gar zu töten, solange wir sie als einer Gattung zugehörig betrachten, die anders ist als die unsrige?

DALAI LAMA: Das ist wahr, da bin ich ganz Ihrer Meinung. Es gibt einen Satz in einem buddhistischen Sutra, welcher lautet: »Denk über deine eigenen Gefühle und Empfindungen nach und betrachte dann die anderen als dir gleich.« Im Grunde genommen sind alle Lebewesen gleich. Jedes Lebewesen hat das Recht, glücklich zu sein und das Leiden zu überwinden. Es gibt eine enge Verbindung zwischen uns und den anderen. Unser Überleben ist vollkommen von anderen abhängig. Wenn wir uns also um andere kümmern, so hilft das letztlich auch uns selbst.

In unserer Welt müssen wir miteinander auskommen. Wir können nicht alle anderen Lebewesen ausrotten. Selbst wenn wir unsere Nachbarn nicht mögen, müssen wir mit ihnen zusammenleben. Auch in der Wirtschaft sind wir von anderen Nationen – sogar feindlichen – abhängig. Das ist eine Tatsache. Unter diesen Umständen ist es auf jeden Fall besser, in Harmonie und Freundschaft zu leben, als einander zu befeinden. Der Erdball wird ständig kleiner und alles vernetzter. Empathie und Altruismus sind daher der Schlüssel zu echtem Glück.

MARGARET BRENMAN-GIBSON: Und zum Fortbestand des Planeten.

DALAI LAMA: Ja. Der Altruismus ist aber mehr als nur ein Gefühl der Sympathie. Er schließt auch ein Verantwortungsgefühl und die gegenseitige Fürsorge mit ein. Wenn wir andere als etwas Wertvolles und Respektables begreifen, dann ist es ganz natürlich, daß wir ihnen als Ausdruck unserer Liebe helfen und mit ihnen teilen. Viele Wissenschaftler vertreten die Auffassung, daß wir Zuneigung brauchen, damit sich unser Gehirn richtig entwickeln kann. Das zeigt, daß Zuneigung, Liebe und Mitgefühl Bestandteile unserer ursprünglichen Natur sind.

JOANNA MACY: Eure Heiligkeit, ich möchte Euch in bezug auf eine andere Situation, in der Tiere sehr leiden, eine Frage stellen – es geht um die Massentierhaltung. Um diese Praktik zu ändern, um das Leiden dieser Mitgeschöpfe zu verringern, müssen wir ihre Qual sehen. Aber für viele von uns scheint das mehr zu sein, als sie ertragen können. Deshalb wollen sie wegblicken. Ihr habt die Praxis beschrieben, sich nicht von der Qual abzuwenden, sondern sie zu analysieren, damit wir uns nicht vor ihr fürchten. Könntet Ihr noch mehr darüber sagen, besonders hinsichtlich unserer Brüder und Schwestern im Tierreich, die gequält werden?

DALAI LAMA: Tausende, ja Millionen und Milliarden von Tieren werden umgebracht, um gegessen zu werden. Das ist sehr traurig. Wir Menschen können leben, ohne Fleisch zu essen, besonders in unserer modernen Welt. Wir haben eine Vielzahl an Gemüsesorten und anderen, zusätzlichen Nahrungsmitteln, wir haben also die Möglichkeit und auch die Aufgabe, Milliarden von Leben zu retten. Ich habe viele Einzelpersonen und Gruppen kennengelernt, die sich für die Rechte der Tiere einsetzen und vegetarisch leben. Das ist wunderbar.

Bestimmte Akte des Tötens sind überflüssig. Jagen und Fischen als sportliche Betätigung sind purer Unsinn. Aber andere Formen des Tötens, die Fischerei zum Zweck der Nahrungsbeschaffung etwa, sind schon eher nachvollziehbar. Das Bedrückendste aber ist wohl die Massentierhaltung. Dort leiden die armen Tiere wirklich. Ich habe einmal eine Hühnerfarm in Japan besichtigt, wo 200000 Legehennen jeweils zwei Jahre lang nur wegen ihrer Eier gehalten werden. Während dieser zwei Jahre sind sie Gefangene. Nach diesen zwei Jahren, wenn sie nicht mehr genug produzieren, werden sie verkauft. Das ist wahrhaft schockierend und traurig. Wir müssen diejenigen unterstützen, die versuchen, ein so ungerechtfertigtes Vorgehen abzubauen.

Ein indischer Freund hat mir erzählt, daß seine kleine Tochter ihm gegenüber den Standpunkt vertreten habe, es sei besser, mit einer Kuh zehn Leute zu ernähren, als ihnen Hühner oder andere Kleintiere anzubieten, weil dann mehr Lebewesen betroffen seien. Gemäß der indischen Tradition werden Rinder nicht gegessen, aber ich finde, ihr Standpunkt beinhaltet eine gewisse Logik. Shrimps zum Beispiel sind sehr klein. Für eine einzige Portion müssen viele Leben geopfert werden. Ich finde das nicht gerade appetitanregend. Ich finde es vielmehr entsetzlich und denke, es ist besser, auf dergleichen zu verzichten. Wenn Ihr Körper Fleisch braucht, ist es vielleicht besser, große Tiere zu essen. Mit der Zeit sind Sie vielleicht imstande, Ihr Bedürfnis nach Fleisch gänzlich abzubauen. Ich meine, daß wir Menschen von Natur aus Vegetarier sind und alle nur denkbaren Anstrengungen unternehmen sollten, anderen Lebewesen keinen Schaden zuzufügen. Wenn wir unsere Intelligenz einsetzen, können wir auch so ein gesundes nahrhaftes Ernährungsprogramm entwickeln.

Es ist sehr gefährlich, das Leiden irgendeines empfindungsfähigen Wesens zu ignorieren. Sogar im Krieg ist es besser, sich das Leid der anderen und unser Unbehagen darüber, daß wir ihnen Leid zufügen, vor Augen zu halten. Kriegführen heißt töten. Es ist hundertprozentig negativ. Die Art, in der er heutzutage mechanisiert wurde, ist sogar noch schlimmer. Wo der Krieg noch von Mensch zu Mensch ausgetragen wird und menschliche Gefühle daher nicht ganz ausgeschaltet werden können, ist er viel sicherer. Wenn ein Krieger aber das Leid der anderen vergißt, um selbst irgendeinen kleinen Vorteil zu erlangen, dann wird es gefährlich. Ich denke zum Beispiel an einige tibetische Schlachter. Obwohl sie ihren Lebensunterhalt dadurch verdienen, daß sie Tiere schlachten, zeigen sie den Tieren gegenüber gleichzeitig Zuwendung und Liebe. Vor dem Schlachten geben sie den Tieren ein paar Tabletten, und nach getaner Arbeit sprechen sie ein Gebet. Obwohl es immer noch ein Töten ist, meine ich, daß es besser ist, mit solch einem Gefühl zu töten.

DANIEL BROWN: Eure Heiligkeit, ich habe eine Frage zu Menschen, die extreme Formen der Mißhandlung erlitten haben, die etwa als Kinder körperlich oder sexuell mißhandelt oder Opfer von Greueltaten wurden wie dem Holocaust in Deutschland, Mittelamerika oder Kambodscha.

Nehmen wir zum Beispiel einen konkreten Fall politischer Folter, etwa den Fall eines Mannes, der in seinem Heimatland ein Kleinbauer war. Er hat sich ernsthaft und aktiv darum bemüht, den Armen zu helfen, und er kämpfte gegen die Unterdrückung, indem er versuchte, eine Reform der Gesetze über die Verteilung von Land und Reichtum in seiner Heimat durchzusetzen. Während er dies tat, ließ man ihn »verschwinden«, und er wurde gefoltert. Dabei wurden ihm die Augen verbunden, und er wurde zahlreiche Male geschlagen. Man tauchte ihn in Wasser mit Fäkalien. Sein Körper wurde mit unterschiedlichen Elektroschocks gepeinigt, und er wurde an Händen und Füßen aufgehängt, wie ein Hubschrauber zum Kreisen gebracht, und dann wurde auf ihn eingeschlagen. Das ging sechs Monate lang so. Dann wurde er freigelassen. Er nahm seine Arbeit wieder auf, um seinem Volk zu helfen, obwohl er oft Alpträume hatte und ständig in Angst lebte. Weil er nicht damit auf-

hörte, sich für sein Volk einzusetzen, wurden zwei seiner
fünf Kinder umgebracht.

Schließlich verließ er sein Land und suchte in den USA
Zuflucht. Er wollte sich auch weiterhin, von hier aus, für
seine Landsleute einsetzen. Aber er hatte das Gefühl, daß
er sein Volk irgendwie im Stich gelassen hatte, weil er geflo-
hen war und den Kampf für sein Volk nicht direkt in seinem
Heimatland weiterführte. Schließlich überwand er seine
Verzweiflung und machte weiter. Und dann erfuhr er, daß
auch seine übrigen drei Kinder ermordet worden waren,
weil man ihn demoralisieren wollte. Er wurde zutiefst de-
pressiv, spielte manchmal mit Selbstmordgedanken und litt
unter Panikattacken. Aber die Menschen, mit denen er arbeitete, versuchten ihn dabei zu unterstützen, sein Lebens-
werk, seinen Landsleuten zu helfen, fortzuführen.

Wenn ich eine Geschichte wie diese höre, und ich höre
viele derartige Geschichten, reagiere ich sehr stark auf das
überwältigende Leid von jemandem, der Gutes tun will.
Wie würde man ein solches Leiden aus buddhistischer Sicht
beurteilen? Mir scheint, wenn im Buddhismus von Leid
gesprochen wird, dann bezieht man sich vor allem auf die
Art, wie die »Drei Gifte« – Habgier, Haß und Unwissenheit – zum Leiden alltäglicher Menschen beitragen. Westliche Psychotherapeuten, die Traumaopfer behandeln,
betonen hingegen die physischen und gesellschaftlichen
Aspekte solch intensiven Leids, das vorsätzlich zugefügt
wird, um die Würde und die Menschlichkeit einer Person
zu zerstören und sie daran zu hindern, unterdrückten Menschen zu helfen. Ist diese Form von Leid aus der Sicht der
höchsten Wahrheit bloße Illusion, weil wir das Wesen des
Leidens nicht richtig begreifen? Ich verstehe das nicht und
möchte wissen, wie man solch einen Fall extremen Leids

sehen und mit der buddhistischen Idee der Leere in Einklang bringen kann. Ist solch ein Leid bloße Illusion?

DALAI LAMA: Es gibt zwei Ebenen und zwei Bedeutungen von »Illusion«. Auf der alltäglichen, normalen Ebene herrscht im Geist ganz einfach ein Durcheinander, und das beeinträchtigt die Wahrnehmung.

Wenn Sie mit jemandem konfrontiert werden, der ein traumatisches Erlebnis durchlitten hat, dann ist dies wirkliches Leid. Es ist nicht nur eine Illusion. In der von Ihnen beschriebenen Situation handelt es sich um echtes Leid, und Sie haben es richtig erkannt.

Es gibt eine andere Ebene der Illusion, die viel subtiler ist und nichts mit der erwähnten Ebene der Konfusion zu tun hat. Auf jener Ebene würde man sagen: Ja, da es sich hier um voneinander abhängige Ereignisse handelt, gibt es einen illusorischen Aspekt an diesem Leid. Aber hier kommt es leicht zu Mißverständnissen. Die wirkliche Bedeutung des Begriffs »Leere« ist das Fehlen einer selbständigen Existenz. Normalerweise glauben wir, daß die Dinge unabhängig voneinander und isoliert existieren. »Leere« hat einen Beiklang von »Fülle«, von Abhängigkeit von anderen Faktoren. Die Auffassung von Leere beinhaltet also ein Moment gegenseitiger Abhängigkeit.

Wenn man im Buddhismus, besonders in der Madhyamika-Philosophie, von »Illusion« spricht, meint man damit lediglich, daß Phänomene nicht unabhängig von anderen Phänomenen existieren, daß der Anschein, den sie erwekken, nämlich daß sie unabhängig und für sich existieren, eine Täuschung ist. Das ist alles, was mit »Illusion« gemeint ist, nicht, daß es etwas nicht wirklich gibt.

FRAGE AUS DEM PUBLIKUM: Eure Heiligkeit, glaubt Ihr, daß Leiden unumgänglich ist, oder ist es etwas, was wir selbst erzeugen, indem wir die Welt dualistisch sehen? Hat das Leiden irgendeine positive Funktion?

DALAI LAMA: In den buddhistischen Lehren spricht man von drei verschiedenen Ebenen. Die erste sind krasse physische und seelische Schmerzen, die zweite ist die Unzufriedenheit, die aus der Tatsache rührt, daß sich unsere Freuden und unser Glück in etwas anderes umwandeln, und die dritte ist das allgegenwärtige Leiden der abhängigen Existenz. Allen gemeinsam ist ein positiver Aspekt: Das Wissen um das Leiden kann uns dazu anregen, frei von Leiden sein zu wollen. Die drei Arten des Leidens sind für sich genommen aber nicht wünschenswert. Sie sind alles andere als das.

MARGARET BRENMAN-GIBSON: Leiden gehörte schon immer zur Empfindungsfähigkeit. Aber jetzt leben wir in einer Zeit, in der es der Menschheit möglich ist, sich selbst auszuradieren. Diejenigen, die die Fäden der Macht in den Händen halten – und das sind fast ausschließlich Männer –, haben heute die Möglichkeit, Entscheidungen zu fällen, die ein bisher unbekanntes Ausmaß an Leid erzeugen. Es ist in der Geschichte noch nicht vorgekommen, daß die Werkzeuge des Krieges, die schon immer Leid verursacht haben, wie in diesem Atomzeitalter die schreckliche Möglichkeit in sich bergen, die Zukunft der Menschheit und, wie einige meinen, jegliches Leben auf Erden zu beenden. Müssen wir unter diesen Gegebenheiten das Leiden als Teil der Existenz akzeptieren?

DALAI LAMA: Wir können zwischen Leid, das durch den Menschen verursacht wird, und anderem Leid unterscheiden. Wenn wir bestimmte Haltungen einnehmen, können wir das vom Menschen verursachte Leid entschieden verringern. Was die zweite Art des Leids betrifft, so ist es schwierig, etwas dazu zu sagen. Ich glaube, das hängt vom individuellen Glauben und der individuellen Praxis ab.

FRAGE AUS DEM PUBLIKUM: Wie unterscheiden wir das echte Leiden eines anderen von dem Leid, das wir von uns auf andere Menschen projizieren?

MARGARET BRENMAN-GIBSON: Wenn ich das Gefühl habe, eine Person leidet wegen etwas, dann sage ich normalerweise, was ich denke. Ich glaube, ich erkenne dann meist an ihrer Reaktion, ob ich etwas in ihre Gefühle hineininterpretiert habe oder ob sie sagt: »Sie haben recht. Lassen Sie mich Ihnen etwas über mein Leid erzählen.« Als Therapeutin finde ich diese Richtlinie nützlich.

DANIEL BROWN: Mir scheint, das hängt von unserem Bewußtseinsgrad ab. Mit dem üblichen Geist der Unwissenheit können wir glauben, wir nehmen an unseren Mitmenschen Leiden wahr, wenn es in Wirklichkeit unsere Phantasievorstellungen sind.

In den psychotherapeutischen Traditionen des Westens gibt es Methoden, die angewandt werden, um den Unterschied festzustellen. Man lernt zum Beispiel, einen besseren analytischen Einblick in die eigenen Gefühle und Phantasievorstellungen zu gewinnen und mit mehr Klarheit zwischen den eigenen Gefühlen und dem Leiden einer anderen Person zu unterscheiden. In diesem Land erfolgt dies während eines guten klinischen Praktikums, und es erfordert ein gewisses Bewußtseinsniveau.

Mir scheint aber, daß wir durch buddhistische Übungen eine andere Stufe des Bewußtseins kennenlernen: die direkte Erfahrung gegenseitig bedingten Entstehens, daß alles irgendwie zusammenhängt. Durch diese direkte Erfahrung erkennen wir, daß unsere Gedanken und Handlungen sich wie Wellen ausbreiten und alles andere beeinflussen. Wenn wir dann bemerken, daß eine Person oder Gruppe leidet, so wissen wir, daß dies ihr Bewußtsein beeinflußt, nach außen strömt und eine große Störung verursacht. Handelt es sich um irgendeine Art von Mißhandlung, dann wirkt sich das unwillkürlich auch auf uns aus. Wenn jemand diesen Zusammenhang direkt erfahren hat, dann stellt sich die Frage nach dem Unterschied zwischen unseren Vorstellungen oder Projektionen von Leid und dem tatsächlichen Leiden einer Person erst gar nicht. Wir *müssen* davon betroffen sein, weil alles zusammenhängt.

DALAI LAMA: Dennoch gibt es einen Unterschied zwischen dem Bewußtsein der einen Person und dem einer anderen. Sie verschmelzen nicht einfach.

JOANNA MACY: Eine ähnliche Frage wäre: »Fühle ich mein eigenes Leid, oder fühle ich das Leid der Welt?« Ich finde, daß wir die beiden nicht wirklich trennen können. Wenn wir das Leid unserer Brüder und Schwestern in anderen Ländern oder das Leid anderer Gattungen sehen, erkennen wir, wie sehr wir alle miteinander verbunden sind und wie sehr wir zu der Kultur gehören, die das anrichtet. Als wir hier hereinkamen, sagte Stephen: »Ich bin auf eine andere Weise müde als früher, als ich mit den Sterbenden gearbeitet habe, denn in den letzten Jahren haben Ondrea und ich auch mit sexuell mißbrauchten Frauen gearbeitet.«

JEAN SHINODA BOLEN: Wie kommt es, daß Menschen wie wir einem anderen Menschen Schmerzen zufügen? Wie kann eine Person wie ich einer anderen Person wie mir so etwas Entsetzliches antun? Es scheint, daß in unserer Kultur der Besitz und die Ausübung von Macht ein gewisses Vergnügen bereiten, was leider oft damit verbunden ist, daß man anderen Schmerz zufügt. Dies scheint in den Bereich des vom Menschen verursachten Leids zu gehören, das Seine Heiligkeit als unnötiges Leid beschrieben hat.

JOANNA MACY: Stephen hat diesen Schmerz selbst gespürt. Ist es sein Schmerz oder der der Frauen?

STEPHEN LEVINE: Wenn es in mir eine Stelle gibt, an der sich der Schmerz festklammern kann, dann wird er das auch tun. Als wir mit Sterbenden arbeiteten, fühlte ich wenig Widerstand in mir. Menschen sterben, das ist etwas Natürliches. Sogar der Schmerz ist natürlich. Als wir aber anfingen, mit Leuten zu arbeiten, die mißhandelt und manchmal sogar gefoltert worden waren, und wir erfahren mußten, daß das Herz und der Verstand von Menschen so eng, so unsensibel sein können, daß sie anderen ein derartiges Leid zufügen, hat mich das traurig und müde gemacht, und der Schmerz blieb stärker haften. Der Teil von mir, der sich gegen das Unrecht auflehnt, der sich gegen dieses Erbe des Schmerzes, gegen diese Verschwörung des Leids, an der wir alle teilhaben, sträubt, der Teil in mir, der sich liebevoll bemüht, die Not anderer zu lindern, hatte einige Schwierigkeiten, sich wieder zu fangen. Der Schmerz blieb stärker haften, wenn es jemanden gab, der bereitwillig, ja vorsätzlich einem anderen etwas zuleide tat.

Langsam begriff ich den Unterschied zwischen Schmerzempfindung und Leiden. Der Schmerz ist etwas Gegebenes. Wir wurden in einen Körper mit einem Nervensystem hineingeboren, und Nerven übertragen Schmerzen. Wenn wir uns an etwas stoßen, tut das weh. Außerdem wurden wir mit einem Bewußtsein geboren, das widersprüchliche Einflüsse wahrnehmen und uns quälen kann. Mir ist klargeworden, daß das Leiden und der Schmerz nicht dasselbe sind. Eure Heiligkeit, ist Leiden unsere Reaktion auf Schmerz? Ist es möglich, daß jemand Schmerzen, physische und seelische Schmerzen empfindet, ohne zu leiden?

DALAI LAMA: Wenn Sie unter »Schmerz« die äußere Empfindung und unter »Leiden« die geistige Reaktion darauf verstehen, dann können Sie sagen, daß Leiden und Glück viel stärker wahrgenommen werden als äußerer Schmerz oder Genuß. Daher ist es möglich, daß die Kraft einer geistigen Glücksempfindung oder geistigen Leidens die äußeren Empfindungen überdeckt.

Was Ihre Frage betrifft, ob es auch dann, wenn man Schmerz empfindet, möglich ist, nicht zu leiden, so lautet die Antwort hierauf eindeutig ja. Manchmal nehmen wir freiwillig ein gewisses Maß an körperlichem Schmerz in Kauf. So müssen wir beispielsweise trainieren, um unseren Körper gesund zu halten. In solchen Augenblicken können wir uns erschöpft fühlen oder sogar spüren, daß unsere Glieder schmerzen. Aber wir haben unsere Gründe, diese Schmerzen zu akzeptieren, und darum leiden wir geistig in keiner Weise. Wenn wir später sehen, wie sich unsere Muskeln entwickeln, sind wir sogar glücklich.

FRAGE AUS DEM PUBLIKUM: Wenn das Leid eines anderen auf uns übergeht, wenn eine Person physisch oder psychisch, bewußt oder unbewußt ihr Leid auf uns lädt oder Unzumutbares von uns verlangt, sollen wir ihr folgen, versuchen, ihr zu verzeihen oder sie daran hindern?

DALAI LAMA: Bisher habe ich darüber gesprochen, wie man seine Einstellung gegenüber dem Leid ändern, wie man dazu stehen kann. Empfindet man Gleichmut und innere Ruhe, so nimmt zunächst einmal das mentale Leiden ab. Man reagiert dann nicht gleich negativ. Ob man es dann aber zuläßt, daß sich die andere Person auch weiterhin auf dieselbe Weise benimmt, hängt von der Situation ab. Man muß jede Situation gesondert beurteilen. Verzeihen oder Geduld haben heißt nicht, daß man immer alles hinnimmt, was andere einem zufügen.

MARGARET BRENMAN-GIBSON: Welche Alternative gibt es?

DALAI LAMA: Wenn Sie ein toleranter Mensch sind, und jemand verlangt etwas Unzumutbares von Ihnen, können Sie die Situation ohne Zorn oder Feindseligkeit beurteilen und sich überlegen, ob Sie sich wehren müssen. Gegebenenfalls tun Sie das dann. In Tibet etwa wird im Namen der Befreiung viel Leid erzeugt. Aber wenn ich die chinesischen Machthaber als Menschen betrachte – als unsere Nachbarn, die eine traditionsreiche Geschichte und eine hochentwickelte Zivilisation haben –, dann empfinde ich keine Feindseligkeit, sondern Respekt. Dies hilft mir, meine negativen Gefühle abzubauen, und läßt meine Geduld und Toleranz wachsen. Das heißt nicht, daß ich die chinesische Unterdrückung akzeptiere. Ich tue, was ich kann, um mich dagegen aufzulehnen, aber ich tue es ohne Feindseligkeit. Einem Individuum gegenüber verhält sich der Fall ziemlich ähnlich. Verlangt jemand etwas Unzumutbares von Ihnen, so ist es vielleicht nötig, daß Sie sich ihm widersetzen oder sich wehren. Aber diese Gegenwehr wird um so wirksamer sein, wenn sie nicht im Zorn erfolgt. Wenn Ihr Bewußtsein von Zorn oder Wut beherrscht wird, dann sind Sie halb verrückt und werden am Ziel vorbeischießen.

JEAN SHINODA BOLEN: Eure Heiligkeit, Tibet wurde überfallen, es wurden Menschen umgebracht und vergewaltigt, und es sind viele andere schlimme Dinge passiert. Als Psychotherapeuten und als Menschen fragen wir uns immer, wieso die Betroffenen dies ertragen und trotzdem noch Freude empfinden und sich weiterhin aktiv dafür einsetzen können, die Situation zu verändern. Irgendwie habe ich den Eindruck, daß Ihr dazu imstande seid, daß Ihr nicht von Zorn, Angst oder Feindseligkeit besessen seid, sondern weiterhin mit Engagement Euer Volk auf der ganzen Welt vertretet. Könntet Ihr uns vielleicht sagen, wie Ihr persönlich mit dem Entsetzlichen, was Ihr gesehen und erlebt habt, umgegangen seid?

DALAI LAMA: Vielleicht ist dies die tibetische Art. Ich glaube, es ist für Tibeter natürlich, dem Elend und dem Unglück auf diese Weise zu begegnen. Ich weiß nicht, ob dies dem Einfluß des Buddhismus zuzuschreiben ist oder nicht. Tibet ist ein sehr großes Land mit einer extrem niedrigen Bevölkerungsdichte. Unter diesen Umständen ist es natürlich, daß man seinen Mitmenschen als jemanden betrachtet, dem man hilft und der einem hilft. Wenn man in einem dichtbevölkerten Gebiet lebt, besteht vielleicht eine natürliche Neigung, seinen Nächsten mit Mißtrauen zu betrachten, in ihm einen Rivalen zu sehen und sich von ihm zurückziehen zu wollen. In Tibet herrscht ein starkes Gefühl der Weite. Dadurch und auch durch den Einfluß des Buddhismus haben die Tibeter eine Art innerer Elastizität ausgebildet.

Durch das buddhistische Training entwickelt man ein Verständnis für die verschiedenen Ebenen des Leidens. Wir akzeptieren die Theorie des Karma, die besagt, daß jede Handlung ihre Folgen für den Handelnden hat, und auch das hilft uns, das geistige Leiden zu verringern. Sind die Dinge erst einmal passiert, dann hat es keinen Sinn, sich zu grämen. Wenn wir aufrichtig unser möglichstes tun, dann freuen wir uns, wenn wir erfolgreich sind; wenn nicht, gibt es nichts zu bereuen. Diese Art analytischer Einstellung ist eine große Hilfe.

JEAN SHINODA BOLEN: Mir scheint auch, daß wir mit zunehmendem Alter weiser werden und erkennen, daß »auch das vorübergehen wird«. Wenn wir uns dessen bewußt werden, daß wir bereits frühere Leben hatten, fällt es uns leichter, uns zu distanzieren oder zu vergeben, denn wir erkennen, daß dies lediglich ein Ereignis in einer Reihe von vielen historischen Ereignissen ist. Unsere Perspektive erweitert sich zu einer großräumigen, historischen Sicht der Dinge. Eure Heiligkeit, wie sehr sollten wir versuchen, die Welt zu ändern?

DALAI LAMA: Im Buddhismus glauben wir an das Leben nach dem Tode und an die Theorie des Karma, des Gesetzes von Ursache und Wirkung. Dieser Glaube trägt dazu bei,

daß wir unserer eigenen Entwicklung mit einer Art Gleichmut gegenüberstehen und die Dinge so hinnehmen, wie sie
sich entwickeln. Vielleicht erscheint Ihnen diese Erklärung
als zu einfach, aber vom buddhistischen Standpunkt, vom
Standpunkt eines Mönchs aus betrachtet, können all diese
Probleme einem Mangel an Altruismus, an Mitgefühl, an
Verantwortungsgefühl oder an einem Gefühl echter Brüderlichkeit oder Schwesterlichkeit zugeschrieben werden.
Wenn wir etwas höher einschätzen als etwas anderes, werden wir, sobald sich die Gelegenheit bietet, das als minder-
wertiger Bewertete ausbeuten.

MARGARET BRENMAN-GIBSON: Hat es überhaupt einen
Sinn, dies ändern zu wollen?

DALAI LAMA: Natürlich. Durch die Erziehung, die Medien,
das Familienleben oder auf anderem Wege müssen wir die
Notwendigkeit dieses altruistischen Bewußtseins und dieser altruistischen Haltung vermitteln und verdeutlichen —
wenn nicht zum Wohle unserer gegenwärtigen Generation,
dann zum Wohle der künftigen Generationen. Um die
künftigen Generationen für diese Themen interessieren zu
können, ist es wichtig, sie als Überlebensfragen darzustel-
len, nicht als religiöse oder moralische Anliegen. Leid ist
bedauerlich, aber manchmal kann es zu einem wichtigen
Faktor werden, durch den die Menschen aufgerüttelt werden und erkennen, daß etwas nicht stimmt.

Wenn wir ein Verständnis für die Vergänglichkeit oder
für den vorübergehenden Charakter des Leidens entwikkeln, werden wir nicht apathisch oder bekommen das Gefühl, daß ohnehin alles gleichgültig ist. Wir erkennen das
Leiden als Leiden und lassen aus dieser Erkenntnis den

Wunsch nach Befreiung vom Leiden entstehen. Das ist keine Apathie. Wir erkennen aber auch, daß es sinnlos ist, sich über unser Leiden zu grämen oder sich darüber aufzuregen. Wir können die Angewohnheit, sich in das Leiden hineinzusteigern, ablegen und es einfach zur Kenntnis nehmen und durch diese Wahrnehmung den Wunsch nach Befreiung aufkeimen lassen.

DIE ARBEIT MIT LEIDENDEN
UND STERBENDEN

STEPHEN LEVINE: Eure Heiligkeit, in manchen Bereichen ist das Leid so gewaltig, daß wir dem Schmerz nicht entrinnen können. Die »Wirklichkeit« bricht durch, obwohl wir, wie Joanna Macy gesagt hat, unglaubliche Verdrängungsmechanismen aufgebaut haben.

Als meine Frau und ich mit sterbenden Kindern arbeiteten, saßen wir einmal am Bett eines leukämiekranken dreizehnjährigen Mädchens, das im Sterben lag.

Seine Haare und Augen erinnerten uns stark an unsere eigene Tochter. Es rührte tief an unsere Zuneigung und an unsere Ängste. Wie können wir in solch einer Situation der Zuneigung und des Leids unser Mitgefühl bewahren, damit die Angst unsere Fähigkeit, anderen zu helfen, nicht beeinträchtigt?

DALAI LAMA: Wenn man, um das Leid eines anderen Menschen zu mildern, einen Teil dieses Leids mit ihm teilt, dann kann das für den anderen eine Hilfe sein. Man nimmt ihm etwas von seinem Leid ab. Wenn ich höre, wie jemand über etwas Entsetzliches klagt, dann nehme ich Anteil daran und sage: »Sie sind nicht allein. Viele Menschen, mich eingeschlossen, fühlen so wie Sie.« Es ist eine Frage der Praxis. Im Buddhismus gibt es viele Beispiele von Bodhisattvas, die das Leiden anderer deutlicher erkennen und

fühlen können als der Betroffene selbst.* Geshe Langri
Thangpa zum Beispiel hatte einen so tiefen Einblick in das
Wesen des Leidens, daß es heißt, er habe in seinem ganzen
Leben nur dreimal gelacht.

STEPHEN LEVINE: Und worüber hat er gelacht?

DALAI LAMA: Daran kann ich mich nicht mehr erinnern.
Einmal hatte es etwas mit Mäusen zu tun. Man nannte ihn
Langri den Weinenden, weil er so oft weinte.

Wenn man seine spirituelle Praxis vertieft und den
Schwerpunkt auf Mitgefühl und Weisheit setzt, begegnet
man immer wieder dem Leiden anderer empfindungsfähi-
ger Wesen. Und man entwickelt die Fähigkeit, es wahrzunehmen, darauf zu reagieren und tiefes Mitgefühl zu ver-
spüren statt Apathie oder Ohnmacht. Lassen Sie keine
Depression aufkommen, wenn Sie über das Leiden nachsin-
nen. Und verfallen Sie nicht in Selbstüberschätzung oder
Eitelkeit, wenn Sie über das Glücklichsein nachdenken. Die
Weisheit hilft uns, diesen Gefahren zu entgehen. Aber es
ist schwer, diese Erfahrungen zu verallgemeinern, denn
Mut und Geduld sind bei jedem Menschen anders. Sie
ermöglichen es uns, das Leiden anderer zu erkennen und
darauf einzugehen.

STEPHEN LEVINE: Wir verwenden den Begriff »Burnout«,
um eine tiefe innere Müdigkeit zu bezeichnen, die durch
den fortwährenden Umgang mit dem Leid entsteht, ein Ge-

---

* Ein Bodhisattva (Skrt.: bodhi = Erleuchtung, sattva = Wesen) ist ein Mensch,
der seinen Hauptlebensinhalt darin sieht, anderen zu helfen und das Leiden auf
der Welt zu verringern. (Anm. d. Ü.)

fühl der Hilflosigkeit und sogar der Hoffnungslosigkeit gegenüber unserem Unvermögen, anderen ihr Leid zu nehmen. Es scheint, als sei das Burnout ein Widerstand gegen das Leid. Wie können wir uns dem Leid öffnen? Als ich mit sterbenden Kindern arbeitete, setzte ich mich, wenn sie unter heftigen Schmerzen litten, an ihr Bett und betete, daß irgend etwas ihre schrecklichen Schmerzen lindern möge. Das ging jahrelang so, bis irgend etwas in mir sagte, daß es in solch einem Fall nicht hilft zu beten. Das Äußerste, was man hoffen kann, ist, daß es durch das Leiden zu einem inneren Wachstum kommt, daß irgend etwas einen inneren Heilungsprozeß auslöst. Wie können wir es schaffen, uns angesichts des Leids nicht zu verschließen?

DALAI LAMA: Bei der Meditation stößt man auf ein ähnliches Problem. Wenn man sich aus aller Kraft bemüht, steigen bald Unruhe, Anspannung, Müdigkeit und Trägheit in einem auf. Je mehr man sich anstrengt, desto erschöpfter fühlt man sich. In einer solchen Situation ist es das beste, die Meditation zu unterbrechen und sich auszuruhen. Es ist sinnlos, unter solchen Umständen weiterzumachen.

Wenn Sie im Umgang mit jenen, die sehr leiden müssen, merken, daß Sie auszubrennen beginnen, wenn Sie sich entmutigt und erschöpft fühlen, dann ist es für alle Beteiligten das beste, wenn Sie sich zurückziehen und sich erholen. Es ist wichtig, langfristig zu denken. Wenn Sie momentan nicht imstande sind, aktiv zu helfen, sollten Sie eine langfristige Strategie entwickeln, damit Sie Ihre Arbeit zu einem späteren Zeitpunkt wiederaufnehmen können.

JEAN SHINODA BOLEN: Eure Heiligkeit, es hat mich ein wenig irritiert, als Ihr von jenem Menschen spracht, der nur dreimal in seinem Leben gelacht hat, bis ich hörte, daß man ihn »den Weinenden« nannte. Das klingt, als sei er ein Mann gewesen, der keine Angst davor hatte, angesichts des Leids in Tränen auszubrechen. Als Fachleute und als Erwachsene – und dies gilt vor allem für die Männer – haben wir häufig Angst davor, unsere Gefühle zu zeigen und zu weinen. Es ist ja tatsächlich so, daß man, wenn einen das Leid eines anderen Menschen berührt, von diesem Leid durchdrungen werden kann und dann möglicherweise weint.

Ich möchte Euch zu dem Zeigen von Gefühlen, zum Weinen und zu dem Aus-tiefstem-Herzen-berührt-Sein fragen. Ich habe den Eindruck, daß sich Menschen, die meditieren, sehr oft vom Leid distanzieren, statt sich ihm zu öffnen und der leidenden Person ihre spontane Reaktion zu zeigen. Würdet Ihr die Menschen dazu ermuntern, ihre Gefühle zu zeigen? Mußtet Ihr selbst schon einmal angesichts des Leids weinen?

DALAI LAMA: Wie ich vorhin schon gesagt habe, gibt es grundsätzlich zwei Arten, sich dem Leid gegenüber zu verhalten. Eine besteht darin, es zu ignorieren, die andere darin, sich unmittelbar mit ihm auseinanderzusetzen und es zu durchdringen. Die angemessene Reaktion für alle, für Meditierende ebenso wie für alle anderen, besteht darin, sich damit auseinanderzusetzen und nicht einfach wegzublicken.

Dasselbe gilt auch für die eigenen Gefühle. Ob sie nun angenehm oder unangenehm sind: Wichtig ist, daß wir uns ihrer bewußt sind. Ja, und sie ausdrücken. Was mein eigenes Verhalten betrifft, so gibt es natürlich Situationen, in denen ich in der Öffentlichkeit weine.

JEAN SHINODA BOLEN: Es ist wunderbar, daß Ihr in der Öffentlichkeit sowohl lacht als auch weint. Ihr seid ein bemerkenswertes Vorbild für andere Oberhäupter.

STEPHEN LEVINE: Eure Heiligkeit, ich stimme völlig mit Jean überein, aber ich hätte noch eine Frage zu dem weinenden Lama: Ist sein Weinen ein Zeichen von Verhaftetsein?

DALAI LAMA: Es gibt zwei Arten von Liebe und Mitgefühl. Es gibt das echte Mitgefühl, das man auch vernünftige Liebe nennt, und dann gibt es die übliche Form der Liebe, die sehr eng mit Verlangen und Abhängigkeit verknüpft ist. Liebe und Mitgefühl, die auf Abhängigkeit basieren, sind begrenzt und unbeständig. Sie sind hauptsächlich Projektionen.

Sie lernen zum Beispiel einen äußerst attraktiven Menschen kennen, und Sie möchten ihn oder sie besitzen. Diese Art von Liebe beruht auf Illusion. Sobald sich die Umstände ein wenig verändern, ändert sich auch Ihre Einstellung. Heute sind Sie verliebt, aber morgen haben Sie vielleicht schon feindselige Gefühle. Stimmt das etwa nicht? Echtes Mitgefühl erlaubt uns, das Leid des anderen Menschen zu erkennen, und daraus entsteht dann Ihre Liebe. Wenn Sie auf diese Art lieben, können Sie mit dem Leid umgehen, solange der andere Mensch leidet. Das ist dann keine Projektion.

Liebe, die auf Verlangen beruht, hilft uns in keiner Weise. Sie verwirrt uns lediglich. Aber Liebe, die auf Einsicht beruht, ist etwas, das wir brauchen. Wenn wir diese Art von Liebe empfinden, spielt es keine Rolle, ob wir jemanden unseren Freund oder unseren Feind nennen. Unser

Feind ist jemand, der leidet, und unser Freund leidet auch.
Da beide leiden, besteht kein Unterschied zwischen ihnen.
Dies ist der springende Punkt: Es spielt keine Rolle, ob
jemand unser Freund oder unser Feind ist.

FRAGE AUS DEM PUBLIKUM: Wie können wir mit unseren
Unzulänglichkeiten und Schwächen zurechtkommen?
Wenn wir erkennen, daß uns irregeleitete Teile unseres
Selbst angetrieben haben, wie können wir diese Schatten-
seite integrieren?

DALAI LAMA: Der buddhistische Ansatz wäre, zunächst
einmal über unsere Fehler und dann über deren langfristigen, destruktiven Folgen nachzudenken. Im Buddhismus
wird großer Wert auf die Meditation über die Wahrheit des
Leidens gelegt. Das ist vielleicht etwas deprimierend, doch
wenn wir unsere Fehler klar erkennen, sehen wir auch die
Möglichkeit, uns davon zu befreien. Das Erkennen unserer
Fehler hängt eng mit unserer Fähigkeit zur Erleuchtung
zusammen.

Aus buddhistischer Sicht gibt es keinen Fehler, der nicht
korrigiert werden könnte. Die Möglichkeit zur Veränderung besteht immer. Das Wissen um unsere menschliche
Intelligenz kann uns helfen, schwierigen Situationen mit
mehr Selbstvertrauen zu begegnen. Das ist sehr wichtig.
Wenn man entmutigt ist und beispielsweise denkt, »Ich bin
zu alt«, »Ich bin nicht intelligent genug«, »Ich habe in der
Vergangenheit zu viel Böses getan« oder »Ich bin einfach
nicht gut genug«, dann gibt es eine verbreitete buddhistische Übung, bei der man sich mit dem Leben von Meistern
früherer Generationen beschäftigt, die sich sogar noch
schlechter als man selbst verhielten, oder die sogar noch

dümmer waren. Wenn Sie dies tun, dann werden Sie erkennen, daß sie trotzdem imstande waren, Befreiung zu erlangen, und Sie werden feststellen: »Wenn *sie* das konnten, dann kann ich es auch.« Sie relativieren Ihre Situation und verlassen Ihre extreme Position, die sich durch Äußerungen ausdrückt wie »Ich bin einfach zu alt«.

Ich möchte Sie bitten, ebenfalls zu dieser Frage Stellung zu nehmen. Wie denken Sie darüber?

STEPHEN LEVINE: Wenn wir mit einem Menschen arbeiten, der sehr leidet, vielleicht weil er jemanden verloren hat, der ihm sehr nahestand, oder weil er sich in einer Situation befindet, mit der er nicht umgehen kann, dann ist es unserer Erfahrung nach außerordentlich hilfreich, wenn jemand mit diesem Menschen arbeitet, der selbst so etwas durchgemacht hat. Die Offenheit und das Mitgefühl eines solchen Menschen sind sehr wichtig. Es ist ein Zeichen tiefen Mitgefühls und großer innerer Kraft, wenn jemand, der mißhandelt wurde und diese Qual verarbeitet hat, anderen hilft, die auch mißhandelt wurden.

Menschen etwa, die ein Kind verloren haben, können anderen, die in derselben Situation sind, helfen, wenn sie selbst ihren Schmerz akzeptiert haben. Sie haben ihrem eigenen Schmerz Raum in ihrem Herzen gegeben, und so haben sie darin auch Raum für den Schmerz eines anderen. Die heilende Kraft ihres Einfühlungsvermögens und ihres Mitgefühls springt über wie ein Funke, und so erwacht auch in dem anderen ein natürliches Mitgefühl und eine natürliche Güte. Es baut einen immer sehr auf, wenn man seine eigene Herzensgüte erlebt, selbst wenn wir feststellen müssen, daß es Zeiten gibt, in denen wir nicht vollkommen aufrichtig sind, Angst haben, oder eine Fremdheit gegenüber uns selbst oder dem empfinden, was wir am meisten lieben. Wenn wir aber anderen dienen, entwickeln wir eine Selbstsicherheit, mit der wir selbst unsere Unzulänglichkeit akzeptieren können, und wir werden im besten Sinne zu etwas Ganzem.

Eure Heiligkeit, das berührt ein Thema, das ich sehr wichtig finde. Wenn Menschen, die sich ungeliebt vorkommen, in eine Depression fallen, weil sie möglicherweise mißhandelt wurden oder aus irgendeinem anderen Grund, dann genügt Mitgefühl, um sie aus der Depression zu befreien. Oft ist es ein gutes Zeichen, wenn jemand deprimiert ist. Das heißt nämlich, daß er herausgefunden hat, daß die alten Methoden nicht funktionieren, und damit hat er recht! Die alten Methoden funktionieren wirklich nicht. Wenn die Befriedigung des eigenen Ichs, die Trennung zwischen mir und anderen, einen nicht mehr glücklich macht, besteht die Chance, das wirkliche Glück zu entdecken. Wenn ich also Menschen sehe, die deprimiert sind, dann deprimiert mich das nicht.

DALAI LAMA: Ja, ja. Das ist wahr. Wundervoll.

FRAGE AUS DEM PUBLIKUM: Eines der großen Probleme unserer Zeit ist das Suchtverhalten – Drogensucht, Machtsucht, die Sucht nach Sensationen oder sogar nach Sicherheit. Welche spezifischen Methoden oder Techniken können Sie den Menschen für den Umgang mit diesen Süchten und Abhängigkeiten empfehlen?

DALAI LAMA: Im Buddhismus verallgemeinern wir diese Dinge nicht. Wir befassen uns immer mit der Person, die diese Schwierigkeiten hat, und finden dann eine Vorgehensweise für den jeweiligen Fall. Da dies für die spirituelle Praxis wichtig ist, würde ich meinen, daß es für das Suchtverhalten ebenfalls gelten könnte.

DANIEL GOLEMAN: Das führt uns zu einem anderen Thema, über das wir mit Eurer Heiligkeit sprechen wollten, und zwar die Wahrnehmung oder das Verdrängen von Leid, wenn wir selbst es sind, der oder die es auslöst. Die Frage zielt auf die Gefahr der Verantwortungslosigkeit, die darin zum Ausdruck kommt, daß man die Verantwortung für die Auswirkungen seines eigenen Handelns nicht auf sich nimmt.

JOEL EDELMAN: Ich möchte in diesem Zusammenhang einige Erlebnisse schildern, die ich Anfang und Mitte der sechziger Jahre hatte. 1963 war ich mit Daniel Ellsberg in Vietnam. Ich arbeitete damals für die Rand Corporation, machte Forschungen und Studien, übte eine Beratungstätigkeit aus und flog durch das ganze Land, um bei der Auswahl militärischer Ziele zu helfen. Ich nahm an fünfundzwanzig Einsätzen teil, bei denen Bomben abgeworfen oder Ziele ausgewählt wurden. Ich hatte damals weder Angst- noch Wutgefühle, noch war mir bewußt, welches Leid durch die Bombenabwürfe verursacht wurde.

Nach neun Monaten war meine Arbeit zu Ende, und ich hatte nichts mehr mit militärischer Arbeit zu tun. Aber irgendwie wußte ich, daß ich etwas Unrechtes getan hatte, und es fiel mir schrecklich schwer, mir dies einzugestehen. So verdrängte ich es viele Jahre lang. Ich weigerte mich, mir Filme über Vietnam anzusehen oder Bücher darüber zu lesen, und ich sprach auch kaum davon. Ich hätte es einfach nicht ertragen.

Jahre danach konnte ich endlich beginnen, indirekt damit umzugehen, indem ich gute Taten beging. Ich hatte inzwischen Jura studiert und begonnen, mich für Menschen einzusetzen, die sozial benachteiligt und arm waren. Allmählich war ich imstande, über Vietnam zu sprechen. Dann fing ich eine Psychotherapie an, um jene Bereiche in mir aufzudecken, in denen eine ganze Menge Wut und Schmerz aufgestaut sein mußte. Später begann ich mit der buddhistischen Meditation.

Durch diese Kombination aus westlicher Psychotherapie und östlicher spiritueller Praxis begann viel unterdrückter Schmerz an die Oberfläche zu kommen. Diese psychische Betäubung ähnelt der Erfahrung vieler Vietnam-Veteranen. Es heißt, daß über 100 000 von ihnen eines gewaltsamen Todes gestorben sind, die meisten durch Selbstmord. Das heißt, daß mehr amerikanische Veteranen nach ihrer Rückkehr durch Selbstmord gestorben sind als amerikanische Soldaten im Vietnamkrieg getötet wurden.

DALAI LAMA: Wenn man hier überhaupt verallgemeinern kann, was ist der Hauptgrund für all diese Selbstmorde? Sind es Schuldgefühle?

DANIEL BROWN: Es spielt da eine Reihe von Faktoren eine Rolle. Einer ist der, daß Menschen, die aufs Schlachtfeld ziehen – und dies ist in jedem Krieg so, Vietnam eingeschlossen –, feststellen, daß sie im konkreten Kampf die Erlaubnis haben zu töten. Und das verändert sie. Sie ändern sich biologisch, sie werden erregter. Wenn Veteranen eine Langzeittherapie machen, kommt irgendwann der Moment, in dem sie Ihnen von der Spannung und der Erregung beim Töten erzählen. Sie erleben sich dabei oft in körperlicher

Höchstform. Bei ihrer Rückkehr in die Gesellschaft verdrängen sie dann allerdings diese Aggression und diese hochgradige Erregung aus ihrem Bewußtsein. Weder sie selbst noch die Gesellschaft können dieses Gefühl akzeptieren.

Wenn Soldaten aus dem Krieg zurückkehren, gibt es meist kulturell geprägte Methoden, um ihnen dabei zu helfen, ihre Perspektive zu ändern. Hier bei uns veranstaltet man eine Parade, bei der die Soldaten als Helden gefeiert werden, die für eine gute Sache getötet haben. Aber im Falle des Vietnamkrieges war dies für so viele Amerikaner nicht akzeptabel, daß es keine gesellschaftlich vereinbarte Methode gab, den Soldaten zu helfen, das Getane zu akzeptieren. Die Vietnam-Veteranen mußten also eigene Wege finden, mit ihren Gefühlen fertigzuwerden, statt auf gesellschaftliche Rituale zurückgreifen zu können, die ihnen dabei halfen, jene Aggression in etwas Akzeptableres zu verwandeln, mit dem sich leben ließ.

Diese Veteranen sind sehr einsam. Sie sind voller Haß- und Schuldgefühle und verdrängen beide. Gelegentlich ändert sich ihr Bewußtsein, und sie erleben eine Spaltung ihres Ichs. Dann bricht ihre Aggression mit großer Wucht hervor, die sie entweder sich selbst (indem sie sich verletzen oder töten) oder anderen gegenüber (indem sie diese verletzen oder töten) ausleben können.

Was uns an den Studien über Kriegsveteranen auffällt, ist, daß sich Menschen, denen erlaubt wurde, andere zu töten, und selbst solche, die Opfer extremer Formen der Mißhandlung wurden wie Kindesmißbrauch oder Folter, biologisch und psychisch zu verändern scheinen: Es ändern sich ihr Selbstverständnis und ihr soziales Verhalten, wobei sich ihr Verständnis von der Bedeutung gesellschaftlicher

Spielregeln verschiebt. Dadurch wird alles möglich. Sie werden quasi zu anderen Menschen. Mit Haß von dieser Größenordnung oder Qualität zu arbeiten ist etwas anderes als die Arbeit mit der Art von Haß, über die wir bisher gesprochen haben. Ein solcher Haß erschwert die Arbeit in der Therapie ganz beträchtlich.

MARGARET BRENMAN-GIBSON: Die Entfernung zum Ort des Geschehens macht auch einen Unterschied. Im Zweiten Weltkrieg etwa hatten diejenigen, die ihre Befehle weit hinter der Front erteilten, ohne die Greueltaten selbst ansehen und womöglich die Reste zusammenlesen zu müssen, viel weniger Probleme bei der Ausübung ihres Dienstes. Auch nach dem Krieg hatten sie nicht die Art von Konflikten, die diese anderen Menschen haben.

DALAI LAMA: Aber gab es im Zweiten Weltkrieg nicht ein ähnliches Ausmaß an Aggression und Gewalttätigkeit, etwa bei den direkten Gefechten, bei denen Mann gegen Mann gekämpft wurde? Wie hoch war die Selbstmordrate unter den Heimkehrern aus dem Zweiten Weltkrieg?

DANIEL GOLEMAN: Sie war viel niedriger. Als sie zurückkamen, sagten alle: »Ihr habt für eine gute Sache gekämpft, ihr seid Helden.« Der Vietnamkrieg hingegen wurde für eine schlechte Sache gehalten.

DALAI LAMA: Da in beiden Fällen während der Kämpfe viele Gewalttätigkeiten verübt wurden und die Anspannung hoch war, war es also nicht die ursprüngliche Aggression, die zum Selbstmord führte. Es war die Reaktion der Gesellschaft auf die Soldaten, als diese nach Hause zurückkamen.

Als die Soldaten merkten, daß ihre Taten als sinnlos und falsch bewertet wurden, empfanden sie so etwas wie Reue oder Selbstverachtung. Die Ursache scheint also eine Kombination aus Schuldgefühlen sowie neuer Feindseligkeit und Aggression zu sein. Es war nicht nur die Aggression aus dem Krieg, sondern eine neue, die erst in diesem gesellschaftlichen Zusammenhang entstanden war.

JOEL EDELMAN: Ich war ziemlich aufgeregt, als ich in Vietnam war, und diese Aufregung verdeckte vieles, was unterschwellig ablief. Es waren damit keine Gefühle offener Aggression verbunden, eigentlich überhaupt keine Gefühle, aber später kam eine Menge Schuld zum Vorschein. Ich kann dieses selbstzerstörerische Gefühl, das durch tiefe Schuld entsteht, gut nachvollziehen, dieses Gefühl, Selbstmord begehen zu wollen.

DALAI LAMA: Haben Sie Unterschiede feststellen können zwischen jenen, die in einen direkten Kontakt verwickelt waren, die also jemanden unmittelbar im Visier hatten, und denen, die hinter den Kulissen, hinter der Front waren und nur die Befehle erteilten? Beide haben getötet, aber die einen direkt, die anderen indirekt.

DANIEL BROWN: Die Forschung hat gezeigt, daß der Unterschied, ob jemand hinter der Front war oder direkt an der Schlacht teilnahm, nicht die entscheidende Rolle spielte. Der größte Unterschied schien darin zu bestehen, ob jemand Greueltaten aus nächster Nähe miterlebt hatte oder nicht. Manchmal mußten Menschen zusehen, wie andere umgebracht wurden – Frauen etwa und Kinder. Andere wurden Zeugen von Folterungen. Dann gab es das medizinische Personal, das nach den Kämpfen die Körperteile zusammenlesen mußte. Diese Menschen hatten die gleichen und manchmal größere Probleme als jene, die aktiv kämpften.

DALAI LAMA: Jene, die direkt an der Aggression teilnahmen, taten es in gewissem Sinne aus freien Stücken, während die anderen lediglich Zeugen und damit passiver waren.

DANIEL BROWN: Diejenigen, die passiver waren, hatten größere seelische Probleme. Ja, von allen Beteiligten hatten die Sanitäter, die nach einer Schlacht die Verwundeten und die Toten einsammeln mußten, die größten psychischen Probleme. Diejenigen, die selbst kämpften, hatten weniger Probleme.

DALAI LAMA: Das ist wirklich tragisch. Wir können mit diesen Menschen mitfühlen. Sie befanden sich in einer unerträglichen Lage. Es ist vielleicht weniger unerträglich, wenn man selbst an der Aggression beteiligt ist. Das ist durchaus verständlich, denn irgendwie sind diejenigen, die sich unmittelbar an der Aggression beteiligen, damit einverstanden, dies zu tun, während die anderen diese Vereinbarung nicht getroffen haben. Sie sind wirkliche Opfer.

DANIEL BROWN: Wissenschaftler haben herausgefunden, daß diese Menschen, die die Verwundeten und Toten von den Schlachtfeldern holen mußten, weniger litten, wenn man ihnen Schußwaffen gab, selbst wenn sie nie davon Gebrauch machten. Aber allein die Vorstellung, die Waffen benutzen und selbst aktiv werden zu können, führte dazu, daß sie weniger psychischen Schaden nahmen als jene Menschen, die keine Waffen besaßen.

DALAI LAMA: Gab es Unterschiede zwischen den Frauen und den Männern beim ärztlichen Personal?

DANIEL BROWN: Das weiß ich nicht.

DALAI LAMA: Was ist Ihrer Meinung nach der beste Rat oder die beste Orientierungshilfe, die man diesen Vietnam-Veteranen, die Sie behandelt haben und die an heftigen Gefühlen der Schuld, des Hasses, der Wut sowie an Aggressionen leiden, geben kann?

Welche Form der Betreuung ist die wirksamste: Wenn man ihnen gegenüber sein Mitgefühl mit all dem Schweren zeigt, das sie während des Krieges mitmachen mußten, oder wenn man sich mit ihnen darüber unterhält, warum all das zu mißbilligen ist?

DANIEL BROWN: Dieser Schmerz und dieses Leiden haben hauptsächlich etwas mit der Einsamkeit, den Schuldgefühlen und der heftigen Aggression zu tun, die im Krieg ausgelöst wurde; außerdem mit der Hilflosigkeit und den Haßgefühlen, die man verspürt, wenn man nach dem Krieg von der Gesellschaft abgelehnt wird. Daher hat sich die Gruppentherapie, bei der Menschen, die ähnliche Erfahrungen gemacht haben, offen darüber sprechen können, ohne sich Vorwürfe anhören oder sich schämen zu müssen, als die beste Form der Behandlung erwiesen. Dadurch wird ihre Isolation durchbrochen.

DALAI LAMA: Gehört zu Ihrer Behandlung auch, daß Sie ihnen die Anerkennung geben, die ihnen die Gesellschaft verweigert?

DANIEL BROWN: In der Gruppe lernen sie zumindest, sich aus Vorwürfen und Schuldgefühlen zu befreien, und sie werden wenigstens von den Gruppenmitgliedern akzeptiert. Das reicht oft schon aus, daß sie ihrer Erfahrung eine neue Bedeutung beimessen.

JEAN SHINODA BOLEN: Wenn Sie getötet haben, wenn Sie Dinge getan haben, durch die Sie sich selbst nicht mehr akzeptieren können, und wenn Ihre Landsleute Sie dann auch noch als unakzeptabel behandeln, dann besteht das beste Mittel, um Sie wieder zu Ihrer Menschlichkeit zurückzubringen, darin, daß jemand sich Ihre Geschichte anhört, Sie liebt und Mitgefühl gegenüber dem zeigt, was Sie durchmachen mußten. Was bei den Vietnam-Veteranen oft sehr viel ausmachte, war ein anderer Mensch, der sich die schlimmen Träume und all die schrecklichen Geschichten über die Dinge, die der Betreffende getan hatte, geduldig anhörte. Irgendwie ermöglichte es die Anteilnahme eines anderen Menschen, daß der Kriegsveteran wieder zu einem Teil der Menschheit wurde. Manchmal geschah dies in der Therapie, aber es geschah zweifelsohne auch zwischen Menschen, die einander etwas bedeuteten. Wenn es ein Mittel gibt, das den Vietnam-Veteranen geholfen hat, dann ist es das Mitgefühl.

DALAI LAMA: Ich möchte eine Frage stellen: Wie behandeln Psychotherapeuten Menschen, die an Halluzinationen leiden oder sich bestimmte Dinge einbilden – Menschen, die schizophren sind? Soviel ich weiß, wird oft betont, wenn man kein stabiles Ich-Bewußtsein oder Ego habe, sei es unvermeidlich, daß man an Persönlichkeitskonflikten, etwa an Identitätsproblemen, leide. Ist die Festigung des Ichs die Grundlage für Ihre Behandlung solcher Patienten?

JEAN SHINODA BOLEN: Die wichtigste Grundlage ist die Beziehung zum Patienten. Der Therapeut oder die Therapeutin muß mit Zuneigung und Mitgefühl beginnen. Man muß den schizophrenen Patienten akzeptieren und eine emotionale Beziehung zu ihm oder ihr herstellen, damit eine menschliche, herzliche Beziehung zu diesem Menschen besteht. Das trägt dazu bei, den Geist und das Herz des Patienten zu stabilisieren.

Wir verfügen auch über eine Reihe nützlicher Medikamente – stärkere Beruhigungsmittel, die man als »Ego-Kitt« bezeichnen könnte. Sie helfen dem Patienten, das Gefühl eines beobachtenden Selbst zu haben und zu wissen, worauf er achten muß. Der schizophrene Patient weiß nämlich nicht, worauf er achten muß. Er oder sie nimmt zu viele nicht miteinander verbundene Einzelheiten wahr. Die Medikamente reduzieren die Halluzinationen oder bringen sie zum Verschwinden, so daß der oder die Behandelte imstande ist, wieder in der Realität zu leben. Es ist schwierig, in der Realität zu leben, wenn man Stimmen hört, die andere nicht hören. Es ist wichtig, mit anderen Menschen in Verbindung zu treten, und gewöhnlich geschieht das durch die Beziehung zum Therapeuten. Das wäre eine Methode, wie Therapeuten schizophrene Patienten behandeln.

Eine andere Methode ist es, dem Patienten zu helfen, seine Erfahrung zu verstehen. Schizophrene dringen manchmal in den Bereich vor, den wir das symbolische

Unbewußte nennen, in dem sie auf Gestalten stoßen, die den Gottheiten des Kalachakra Mandala ähneln. Ein Schizophrener kann plötzlich in jene Welt voller heller und dämonischer Formen gerissen werden und sich darin verlieren. Der Therapeut kann ihm dabei helfen, dieser Erfahrung einen Sinn zu geben.

DANIEL BROWN: Als Kliniker sind wir auch bemüht, Methoden für die Behandlung von Menschen zu entwickeln, die extreme Formen des Mißbrauchs oder der Folter durchmachen mußten. Wir haben dabei festgestellt, daß die Heilung dieser Menschen in verschiedenen Phasen verläuft, wobei es für jede dieser Phasen Methoden gibt, die sich besonders gut für die jeweilige Behandlung eignen. Was, Eure Heiligkeit, kann Eurer Erfahrung nach, und vor allem nach Eurer Erfahrung mit Eurem Volk, dessen Angehörige ebenfalls häufig diese extremen Folgen des Mißbrauchs oder der Folter durchlitten haben, den Menschen dabei helfen, das Schreckliche, das ihnen angetan worden ist, zu verarbeiten?

DALAI LAMA: Wenn es sich um Tibeter handelt, sage ich normalerweise zu ihnen, daß dieses Elend äußerst traurig und entsetzlich ist und daß wir uns in der dunkelsten Phase der tibetischen Geschichte befinden. Ich sage aber auch, daß wir diese Tragödie als eine gute Gelegenheit betrachten können, unsere Integrität, unsere innere Stärke zu prüfen. Auf diese Weise können wir unsere Kraft und Entschlossenheit noch stärken, statt uns überwältigen zu lassen.

Manchmal mißverstehen die Leute die Theorie, daß Dinge, allgemein gesprochen, auf ein früheres Karma zurückzuführen sind. Es ist offensichtlich, daß diese Dinge auf gesellschaftliche Ungerechtigkeit zurückzuführen sind. Sehen Sie, wir müssen hier zwischen zwei Ebenen unterscheiden, sonst kann man den buddhistischen Begriff des Karma leicht mißverstehen. Wir müssen erkennen, was die ursprüngliche Ursache ist und was die dazu beitragenden Faktoren sind. Im Falle eines großen Leids, das aus gesellschaftlicher Ungerechtigkeit entsteht, können wir sagen, daß der primäre Grund, der sich dahinter verbirgt, das Karma der betroffenen Menschen ist. Die beitragenden Faktoren, die dazu führen, daß sich das Karma erfüllt, sind die offensichtlichen gesellschaftlichen Ungerechtigkeiten. Im Falle der Tibeter kann man beispielsweise sagen, daß das Leid, das ihnen widerfährt, prinzipiell aus ihrem eigenen Karma entsteht: Das ist die primäre Ursache, ihre Handlungen in ihren früheren Leben. Aber die Bedingung, die dazu führt, daß sich ihr Karma erfüllt, ist die chinesische Unterdrückung. Es ist also höchst angebracht, gegen die Bedingungen der gesellschaftlichen Ungerechtigkeit zu kämpfen.

DANIEL GOLEMAN: Eure Heiligkeit, das führt zu der Frage, ob die Erfahrung tiefen Leids dazu verwendet werden kann, jemanden zu ändern, ihn mitfühlender werden zu lassen. Kann tiefes Leid Eurer Ansicht nach in manchen Fällen auch nützlich sein?

DALAI LAMA: Ja, das ist es sicherlich. Das liegt in der Natur des Leids. Wenn das Leid, unabhängig von den Ursachen, einmal erfahren wurde, dann kann es, mit bestimmten Einflüssen gepaart, zur Depression, sogar zu einer langfristigen Depression führen. Aber in Verbindung mit anderen Einflüssen, die hilfreicher sind, kann es zu einer Steigerung unseres Mutes führen.

DANIEL GOLEMAN: Welche Faktoren sind es, die zu mehr Mut führen?

DALAI LAMA: Zunächst muß man untersuchen, ob es möglich ist, das Problem zu lösen. Gibt es einen Ausweg, dann gibt es keinen Anlaß zur Sorge. Gibt es hingegen keinen Ausweg, dann hat es auch keinen Sinn, deprimiert zu sein. Der Grund für unsere Seelenqualen ist der, daß wir keine Schmerzen und kein Leid erdulden wollen. Sind wir aber von unserem Leid besessen und deprimiert und lassen uns davon überwältigen, dann wird das Leiden dadurch nur noch schlimmer. Ist das Unglück bereits geschehen, dann läßt man es am besten dabei bewenden. Auf diese Weise fügt man ihm wenigstens nicht noch etwas hinzu. Man soll das Geschehene nicht noch verschlimmern, indem man darüber nachgrübelt und ständig darauf insistiert. Überlassen Sie die Vergangenheit einfach sich selbst, leben Sie in der Gegenwart und unternehmen Sie dabei alles mögliche, um solches Leiden in der Gegenwart und in der Zukunft zu verhindern.

DER UMGANG MIT DER WUT

FRAGE AUS DEM PUBLIKUM: Manchmal muß ich mit Menschen zusammenarbeiten, die mich zutiefst verärgern. Wie kann ich solche Menschen akzeptieren und diese Gelegenheit als Chance für ein persönliches Wachstum nutzen?

DALAI LAMA: Das muß man von Fall zu Fall entscheiden. Sehen Sie einen Menschen, der Sie verärgert, an, und wenn es Ihnen möglich ist, nutzen Sie die Gelegenheit, Ihrer Wut entgegenzuwirken und Mitgefühl zu entwickeln. Aber wenn Ihr Ärger zu heftig ist – wenn Sie diesen Mann oder diese Frau so abstoßend finden, daß Sie es in dessen bzw. deren Gegenwart nicht aushalten können –, dann ist es vielleicht besser, Sie suchen das Weite.

Prinzipiell ist es besser, wenn Sie Menschen oder Situationen, die Sie verärgern, die Wut in Ihnen auslösen, nicht ausweichen, vorausgesetzt, Ihre Wut ist nicht zu intensiv. Ist es Ihnen aber unmöglich, diese Konfrontation durchzustehen, dann arbeiten Sie an sich selbst. Unter Buddhisten ist es gegenüber mentalen Verzerrungen wie Feindseligkeit und Wut allgemein üblich, sich immer wieder ihre Nachteile und ihre destruktive Natur vor Augen zu halten. Dadurch werden die mentalen Anfechtungen allmählich überwunden.

Wenn ich es richtig verstanden habe, vertritt die west-

liche Psychotherapie aber den Standpunkt, die Unterdrük-
kung dieser Emotionen habe sowohl auf den Körper als
auch auf die Seele sehr negative Auswirkungen. Ich habe
gehört, daß einige Leute sagen: »Wenn feindselige Gefühle
in einem aufsteigen, dann muß man sie ausdrücken.« Gibt
es in der westlichen Psychotherapie irgendwelche Methoden, nicht nur die Unterdrückung zu vermeiden, sondern
über die Nachteile der Wut zu reflektieren? Nicht nur,
wenn sie in einem aufsteigt, sondern überhaupt über die
Nachteile der Wut nachzudenken und sie auf diese Weise
zum Verschwinden zu bringen? Allgemein gefragt: Glauben
Sie, daß es besser ist, auf einen anderen Menschen wieder-
holt wütend zu sein, oder ist es besser, es nicht zu sein?
Wenn Sie tatsächlich meinen, daß es besser wäre, nicht
wütend zu sein, wäre es dann nicht vorteilhaft, Methoden
zu finden, durch die Wut gar nicht erst entsteht? Wenn Sie
der Ansicht sind, daß es besser wäre, die Wut abzubauen,
reduziert man sie dann, indem man sie ausdrückt, wenn
sie in einem aufsteigt, oder indem man sie nicht ausdrückt?

DANIEL GOLEMAN: Eure Heiligkeit, darauf gibt es nicht
nur eine Antwort. Es gibt über zweihundert verschiedene
Schulen in der Psychotherapie, und jede hat ihre eigene
Antwort auf Eure Frage, wobei diese Antworten von der
rückhaltlosen Bejahung bis zur Ablehnung des Ausdrük-
kens von Wut reichen.

Ergebnisse aus der Forschung, nicht aus der klinischen
Praxis, haben gezeigt, daß Menschen, die ihre Wut offen
ausdrücken, lediglich gelernt haben, ihre Wut offen auszudrücken. Das heißt: je häufiger man dies tut, desto leichter
fällt es einem. Das ist eine Tatsache, und zwar eine gesi-
cherte. Andere Forschungen haben ergeben, daß je bereit-

williger Menschen ihre Wut zum Ausdruck bringen, sie auch um so anfälliger für alle Arten von Krankheiten sind, von Erkältungskrankheiten bis zu Herzleiden und zum Krebs. Das sind zwei Gründe, Wut nicht auszudrücken. Innerhalb der Psychotherapie gibt es jedoch viele Sichtweisen.

JEAN SHINODA BOLEN: Meine Erfahrung ist an die Menschen gebunden, mit denen ich gearbeitet habe. Am wichtigsten ist es zu wissen, was man fühlt. In bestimmten Familien lernen die Kinder allzuoft, ihre Gefühle zu unterdrücken, und sie wachsen stumpf heran, ohne ihre Gefühle zu kennen. Es ist wichtig herauszufinden, was man fühlt, daß man Zugang zu seinen Gefühlen bekommt und sie auch ausdrückt.

Es gibt das Bestreben, ein beobachtendes Selbst, einen beobachtenden Geist zu entwickeln, der erkennt, wann ein Gefühl entsteht und wodurch es ausgelöst wird. Oft ist es die Angst, es könne sich etwas wiederholen, was in der Vergangenheit schmerzvoll war. Diese Art von Einsicht hilft einem Menschen, sich von der Situation zu distanzieren. Auch kommt es häufig vor, daß Menschen auf jemanden anderes wütend sind, weil der oder die Betreffende einem Menschen ähnelt, der in der Vergangenheit eine widrige negative Rolle für sie gespielt hat. Man spricht dann von Übertragung.

DANIEL GOLEMAN: Ein Beispiel, Eure Heiligkeit: Wenn ein Elternteil Sie in Ihrer Kindheit häufig geschlagen hat, und später im Leben lernen Sie dann einen Menschen kennen, der diesem Elternteil in irgendeiner Weise ähnelt, dann können Sie diesem Menschen gegenüber Wut empfinden. Diese Person hat Ihnen vielleicht überhaupt nichts getan, aber Sie fühlen die Wut aus Ihrer Kindheit diesem Menschen gegenüber. Das ist es, was unter Übertragung verstanden wird.

JEAN SHINODA BOLEN: Oft muß ein Mensch erst lernen, daß die Wut, die er über so lange Zeit in sich angestaut hat, den Therapeuten nicht umbringt und daß er sich auch nicht lächerlich macht, wenn er ihr Ausdruck gibt. Das ist ein Lernprozeß.

Was wir in der Therapie häufig tun, ist, ein sehr beschädigtes Kind, das noch in diesen Erwachsenen steckt, an seinen Ursprung zurückzuführen. Das heißt aber nicht, daß wir dem Patienten dabei helfen, seine Wut mühelos auszudrücken oder einfach rings um sich herum Wut zu verbreiten. Wir reden hier von Menschen, die sehr unglücklich sind, mit denen irgend etwas nicht in Ordnung ist. In solchen Fällen sollte man die psychologische Praxis mit der spirituellen Praxis verbinden. Bei meiner Arbeit als Jungsche Analytikerin sind diese beiden Bereiche nicht getrennt. Die spirituelle Komponente wird als wesentlicher Teil des menschlichen Wesens angesehen. Sie steckt sozusagen im Blut und muß lediglich angezapft werden.

DANIEL GOLEMAN: Wenn ich das zusammenfassen darf: Der Patient fühlt also die aus der Kindheit stammende Wut gegenüber dem Therapeuten, und dieser ermutigt ihn dazu, seine Wut verbal zu äußern und sie gleichzeitig mit einem beobachtenden Bewußtsein wahrzunehmen.

DALAI LAMA: Wollen Sie damit sagen, daß sich, wenn Sie als Kind nicht lernen, Ihre Gefühle auszudrücken, sich diese in Ihnen aufstauen und Sie Ihre Persönlichkeit nicht vollständig entwickeln können? Daß es deshalb besser ist, sie zu zeigen, damit man die verschiedenen emotionalen Zustände identifizieren und beobachten kann und lernt, wie man sich in Situationen verhält, in denen sie entstehen können? Ist es das, was Sie meinen?

JEAN SHINODA BOLEN: Ja.

DALAI LAMA: Ich glaube, daß möglicherweise ein Unterschied zwischen den inneren Konflikten, die man spürt, und den Gefühlen besteht, die dadurch hervorgerufen werden – etwa Wut, Feindseligkeit usw. Wenn man nicht lernt, diese inneren Konflikte zum Ausdruck zu bringen, dann werden sie später im Leben, wenn man sie ausdrükken kann, automatisch von Wut und Feindseligkeit begleitet. Es ist deshalb wichtig, sein Leid zum Ausdruck zu bringen; nicht so sehr die Feindseligkeit, sondern vielmehr das Leid.

JEAN SHINODA BOLEN: Genau. Darum geht es auch in der Therapie. Wut und Feindseligkeit bilden meist nur die obere Schicht. Darunter liegt das Leid.
    Es gibt auch einen Unterschied zwischen Wut und Feindseligkeit. Kinder werden wütend, wenn sie frustriert sind, wenn sie sich nicht durchsetzen können, wenn sie etwas versucht haben und es ihnen mißlungen ist. Es gibt sehr viele Gründe für die Wut, die auf Frustration basieren. Feindselig werden Kinder aber erst, wenn sie schlecht behandelt worden sind.

DALAI LAMA: Ich möchte noch einmal die Frage von vorhin aufgreifen: Ungeachtet der gesamten Persönlichkeitsgeschichte und der Kindheitserfahrungen – wenn jemand in diesem Augenblick in eine unangenehme Situation kommt und ein Gefühl der Wut verspürt, ist es dann besser, dieses Gefühl zum Ausdruck zu bringen oder es nicht zum Ausdruck zu bringen, wenn er oder sie grundsätzlich die Wut abbauen und von ihr frei sein möchte?

DANIEL BROWN: In analytischen Therapien wie der Psychoanalyse wird der Schwerpunkt zuweilen auf die Arbeit an den negativen Gemütszuständen gelegt. Nach vielen Jahren schließen bestimmte Patienten ihre Therapie ab und sind frei von depressiven Symptomen. Beispielsweise haben sie einigen Einblick in negative Gemütszustände wie die Wut bekommen. Nette Menschen sind sie deshalb aber nicht. Aus solchen unerfreulichen Resultaten der Therapie haben wir gelernt, daß wir auch Wert auf positive Eigenschaften legen müssen. Aber wir haben in unseren Therapieformen noch nicht gelernt, die Betonung so stark auf die Entwicklung einer positiven inneren Haltung zu legen, wie dies im Buddhismus geschieht.

DALAI LAMA: Das ist, als würde man nur die ersten beiden der »Vier Edlen Wahrheiten«*, die Wahrheit vom Leiden und die Wahrheit von der Entstehung des Leidens, kennen, ohne je zu den anderen beiden Wahrheiten zu gelangen, der Wahrheit von der Befreiung vom Leiden und der Wahrheit von dem Weg, der zur Befreiung vom Leiden führt.

---

* Inhalt der ersten Lehrrede Buddhas, die zur Grundlage des Buddhismus wurde. (Anm. d. Übers.)

STEPHEN LEVINE: Ich denke, viele von uns versuchen, einen Mittelweg zwischen dem Ausdrücken der Wut auf der einen Seite und dem Nichtverletzen auf der anderen zu finden. Wir wissen, daß wir nicht alles, was wir nicht akzeptieren, überwinden können, und so müssen wir in unserem Herzen selbst für die Wut und für jene Gemütszustände Raum schaffen, die so subtil und versteckt sind, daß wir uns ihrer kaum bewußt werden. Diesen Zuständen, die so eng mit den Verletzungen und Verwirrungen aus der Vergangenheit zusammenhängen, muß Raum gegeben werden, wenn wir jetzt einen Zugang zu ihnen haben wollen. Wenn wir uns nicht mit ihnen auseinandersetzen, dann tauchen sie manchmal überraschend auf, wenn wir unter Druck stehen.

Wir versuchen herauszufinden, wie es möglich ist, die Wut nicht zu unterdrücken, nicht zu verdrängen, sondern sie ganz in unser Bewußtsein treten zu lassen, damit wir sie kennenlernen und untersuchen können und schließlich feststellen, daß sie leer und unstet ist. Wenn wir sie nicht zulassen, dann können wir sie, wie es scheint, nicht analysieren.

DALAI LAMA: Aber wenn sie unser Bewußtsein betritt, sollen wir sie dann auch zum Mund hinauslassen?

STEPHEN LEVINE: Wenn sie uns voll zu Bewußtsein kommt, besteht kein Zwang, sie auszuagieren. Wir können sie einfach im Raum schweben lassen.

DANIEL BROWN: Während der Psychotherapie kann man den Patienten dazu ermuntern, in seiner Phantasie alle Möglichkeiten durchzuspielen, wie er seine Wut ausdrükken könnte und welche Folgen das jeweils hätte. Auf diese Weise richtet der Patient seine Wut nicht auf destruktive Weise gegen den Therapeuten oder gegen jemand anderen, sondern bedient sich seiner Vorstellungskraft als Möglichkeit, verschiedene Ausdrucksformen seiner Wut zu erproben.

Wenn es sich Menschen erlauben, ihre Wut in ihrer Phantasie auszuleben und in der Therapie diese Vorstellungen zu verbalisieren, kommt es oft zu einer Einsicht. So verstehen sie beispielsweise vielleicht, daß ihre Wut nichts mit dem Therapeuten oder jener anderen Person zu tun hat, sondern durch ein Erlebnis in ihrer Vergangenheit hervorgerufen wird. Vielleicht entdecken sie auch, daß das eigentliche Gefühl nicht Wut ist, sondern daß sie sich verletzt, betrogen oder zurückgewiesen fühlen.

So gelangt man an einen Punkt, an dem man sich der Wut bewußt sein kann, ohne sie umsetzen zu müssen. Dieses Bewußtsein ohne den Zwang zu handeln ist eine Art Mittelweg zwischen den beiden Extremen, seine Wut vor seinem Bewußtsein zu verstecken, sie also zu verdrängen, oder sie in destruktiver Weise ausleben zu müssen.

DALAI LAMA: Das ist ausgezeichnet.

MARGARET BRENMAN-GIBSON: Vielleicht geht es gar nicht darum, einen Mittelweg oder einen gemäßigten Standpunkt zu finden, sondern vielmehr darum, nach einer Möglichkeit zu suchen, seine Schattenseite oder seine negativen Gefühle in seine positiven Seiten einzubinden. Erik Eriksons revolutionärer Beitrag zur Psychotherapie bestand darin zu sagen, daß wir von Geburt an eines anstreben: Gegenseitigkeit. Aus der Interaktion zwischen einer stillenden Mutter und ihrem Baby beispielsweise ziehen beide etwas Positives. Hierbei gibt der eine Teil nicht nur und der andere nimmt; es handelt sich vielmehr um Gegenseitigkeit. Das ist ein gutes Modell für die Psychotherapie und auch für die menschliche Entwicklung.

Das eigentliche Ziel ist also eine beide Seiten integrierende Haltung, damit der eine Teil des Selbst keinen Krieg mit einem anderen Teil beginnt – ihn etwa kritisiert und straft –, sondern mitfühlend mit ihm ist. Wir würden dies als »wohlwollendes Über-Ich« bezeichnen. Einfacher gesagt: Der Weg zur Selbstversöhnung besteht vielleicht darin, einen neuen Weg, eine neue Ausdrucksweise für unsere destruktiven, hassenswerten Triebkräfte zu finden. Für jemanden, der mit sich selbst streitet, für einen Mann, der mit seiner Frau streitet, oder für zwei Nationen, die miteinander streiten, ist es notwendig, einen Weg der gegenseitigen Anerkennung zu finden. Das Ziel ist immer dasselbe: eine kreative, zwischen beiden Seiten vermittelnde Lösung zu finden – ob in uns selbst, zwischen zwei Menschen oder zwischen zwei Nationen.

DANIEL BROWN: Viele buddhistische Schriften über das Einüben von Geduld scheinen davon auszugehen, daß der Übende sich seiner Wut bewußt ist und daher einen Weg finden kann, damit umzugehen. In der westlichen Psychotherapie gehen die meisten Abhandlungen von einer völlig anderen Annahme aus, nämlich daß jemand, der sich behandeln lassen will, sich seiner Wut nicht bewußt ist. Tatsächlich haben diese Menschen psychische Abwehrmechanismen, um eine Bewußtmachung zu verhindern.

Die buddhistischen Texte enthalten eine Menge Informationen darüber, wie jemand, der sich seiner Wut bewußt ist, damit umgehen kann, aber sie erwähnen kaum, wie man mit Leuten arbeiten kann, die sich ihrer Wut nicht bewußt sind. Die westliche Psychotherapie hingegen erzählt uns weit mehr darüber, wie man mit Menschen wie den Bombenherstellern arbeitet, die keine Ahnung davon haben, daß speziell ihr Beruf sehr viel mit Aggression zu tun hat, und die ihn nicht als Aggression empfinden und folglich auch die Wut nicht erleben.

DALAI LAMA: Das ist etwas, womit wir Buddhisten uns noch beschäftigen müssen. Diese unbewußte Wut, wenn es dafür überhaupt Parallelen in den buddhistischen Schriften gibt, würde noch am ehesten in den Bereich der seelischen Unzufriedenheit oder des Unglücklichseins fallen, wobei man sie als Quelle für Wut und Feindseligkeit betrachten würde. Wir können sie sowohl als mangelndes Bewußtsein als auch als aktive Fehldeutung der Realität verstehen.

MARGARET BRENMAN-GIBSON: Dan Goleman hat ein Buch über Lebenslügen geschrieben. Manchmal wissen wir nämlich gar nicht, daß wir wütend sind. Die Art von Selbsttäuschung, die die Leugnung dessen, was emotional in uns vorgeht, beinhaltet, ist auf lange Sicht sehr gefährlich.

Ich habe zum Beispiel Studien über Leute durchgeführt, die Atombomben herstellen. Ich habe den Eindruck, daß diese Leute im großen und ganzen nicht auf die Welt oder gar auf die Russen wütend sind. Sie scheinen sich dessen nicht bewußt zu sein, daß sie die Möglichkeit der Vernichtung der Erde schaffen, und sie haben auch sicherlich nicht die Absicht, die Welt zu zerstören. Diese Männer und Frauen weisen ein außerordentliches Maß an Selbsttäuschung und Verdrängung auf.

DANIEL GOLEMAN: Das Problem ist folgendes, Eure Heiligkeit: Oft setzen Menschen ihre Kraft für Dinge wie etwa die Produktion von Atombomben ein, ohne sich der Konsequenzen ihrer Handlungen bewußt zu sein. Sie machen sich also selbst etwas vor. Was kann man in solchen Fällen tun? Das ist ein großes Problem in der Therapie. Viele Menschen kommen zur Psychotherapie, ohne überhaupt zu wissen, wo ihr Problem liegt. Bei Alkoholikern ist das zum Beispiel so. Wie kann man jemandem helfen, seine Selbsttäuschung zu durchschauen?

DALAI LAMA: Die Bombenhersteller beispielsweise sind Spezialisten, die sich auf einen sehr eng eingegrenzten Bereich konzentrieren, auf dem sie ein außerordentliches Fachwissen ausbilden. Aber sie sehen die weiteren Folgewirkungen ihrer Handlungen nicht. Sie haben einen sehr engen Blickwinkel. Solange sie sich nur darauf konzentrieren, erhält ihre Selbsttäuschung neue Nahrung. Vom Standpunkt ihres Arbeitgebers aus ist das eine große Leistung. Für sich betrachtet, nach ihrem eigenen Verständnis, vollbringen sie ja Außerordentliches.

MARGARET BRENMAN-GIBSON: »Das ist ein sehr kreativer Job«, sagte einer zu mir. Ich werde gefragt: »Wie können Sie nur die Kreativität von Bombenherstellern erforschen? Sie müssen verrückt sein.« Darauf antworte ich: »Nein, in dem engen Rahmen ihrer Spezialisierung tun sie etwas Kreatives.« Nur hinsichtlich der Anwendung ihrer Kreativität machen sie sich etwas vor.

DANIEL GOLEMAN: Gibt es denn eine Lösung für dieses Problem?

DALAI LAMA: Erziehung.

DANIEL GOLEMAN: Wir müssen die Dinge in einem größeren Zusammenhang sehen.

STEPHEN LEVINE: Eure Heiligkeit, um wieder auf den Vietnamkrieg zurückzukommen: Das Problem für jene 100 000 Männer und Frauen, die seit dem Ende des Krieges Selbstmord verübt haben, bestand nicht nur in der Feindseligkeit des Krieges, sondern auch in der Feindseligkeit des Friedens. Jene Menschen, die mit Schildern mit Friedensparolen marschiert sind, haben auf die Soldaten gespuckt und sie Kindermörder genannt, als diese aus ihren Flugzeugen stiegen. Diese Soldaten waren siebzehn-, achtzehn-, neunzehnjährige Schwarze oder gleichaltrige Einwanderer aus Mittelamerika oder Weiße aus den ärmsten Schichten: die Entrechteten und Benachteiligten unserer Gesellschaft. Das ist auch ein Ergebnis unverarbeiteter Aggression: wenn Leute im Namen des Friedens Krieg führen.

Die Demonstranten verurteilten diese psychisch verletzten Männer und Frauen, die aus dem Krieg zurückkehrten, und verdammten sie. Nicht nur ihr Kriegsdienst wurde abgelehnt, selbst ihre verzweifelte Tapferkeit wurde zurückgewiesen. Es war mehr als ein Fehlen dessen, was die Soldaten, die aus dem Zweiten Weltkrieg zurückkamen, erhielten. Es war genau das Gegenteil! Auf sie warteten Verurteilung, Haß und Zurückweisung; sie wurden von jenen Mörder genannt, die voller Feindseligkeit im Herzen für den Frieden marschierten. Wenn wir unsere Aggression nicht erforschen, wie können wir dann wirklich Frieden schließen?

DALAI LAMA: Das betone ich ja so oft: Wenn wir der Welt Frieden bringen wollen, müssen wir unseren inneren Frieden gefunden haben.

JOEL EDELMAN: Eine Woche nach meiner Rückkehr aus Vietnam war ich in New York und wurde zufällig Zeuge einer Antikriegs-Demonstration auf der Fifth Avenue. Ich stand neben einer kleinen Gruppe von Menschen, die gegen die Demonstranten waren, und es kam zu einer Auseinandersetzung. Dabei schlug mir jemand ein Schild über den Kopf, auf dem *PEACE NOW* stand. Ein wahrhaft schlagendes Argument.

MARGARET BRENMAN-GIBSON: Ja, einige der Demonstranten wählten sich für ihren furchtbaren Kummer und ihre Empörung über diesen ungerechten Krieg die falsche Angriffsfläche. Wenn sie gewußt hätten, wo das Problem wirklich lag – nämlich bei den Entscheidungsträgern, die diese Jungs zum Töten geschickt hatten –, dann hätten sie begriffen, daß es falsch war, die »Mörder zu ermorden«, und sie hätten statt dessen Druck auf den Kongreß ausgeübt, damit dieser die Geldmittel für den Krieg strich. Als sie dies dann endlich taten, kam es zur entscheidenden Wende. Die Soldaten waren die falsche Zielscheibe.

FRAGE AUS DEM PUBLIKUM: Ist es möglich, die in der Wut enthaltene Energie umzuwandeln? Was können wir mit der Wut machen, wenn sie uns befällt? Welche spezifischen Übungen empfehlt Ihr, Eure Heiligkeit?

DALAI LAMA: Das hängt davon ab, wie stark die Wut ist. Wenn sie nicht sehr groß ist, können Sie versuchen, sich

auf einen anderen Aspekt der betreffenden Person zu konzentrieren. Wie negativ ein Mensch auch erscheinen mag,
er hat auch positive Eigenschaften. Wenn man versucht, an
sie zu denken, nimmt die Wut sofort ab. Das ist eine Möglichkeit. Etwas anderes, was Sie tun können, wäre zu versuchen herauszufinden, was an der Wut gut oder nützlich ist.
Wenn Sie das versuchen, werden Sie feststellen, daß Sie
nichts Derartiges finden. Wut ist wirklich etwas Entsetzliches. Geduld, Mitgefühl und Liebe hingegen enthalten
viel Gutes. Ist man hiervon erst einmal zutiefst überzeugt,
dann erinnert man sich, wenn ein Gefühl der Wut in einem
aufsteigt, an ihr negatives Wesen und bemüht sich, sie abzubauen.

Ist die Wut aber zu stark, so können Sie versuchen, Ihre
Aufmerksamkeit auf etwas anderes zu richten. Schließen
Sie einfach Ihre Augen und konzentrieren Sie sich ganz auf
Ihren Atem. Zählen Sie Ihre Atemzüge, bis Sie die Zahl
zwanzig oder fünfundzwanzig erreicht haben. Sie werden
merken, daß die Wut ein wenig abgenommen hat, daß sie
ein bißchen abgekühlt ist.

Ist die Wut jedoch extrem stark, dann kämpfen Sie! –
Nein, ich mache bloß Spaß. Im Ernst, es ist besser, sie
auszudrücken, als sie tief in sich zu vergraben. Ein sehr
negatives, haßerfülltes Gefühl kann dann jahrelang dort
bleiben. Das ist das Schlimmste. Im Vergleich dazu ist es
besser, ein paar häßliche Worte zu sagen.

STEPHEN LEVINE: Eure Heiligkeit, steigt je so etwas wie
Angst in Euch auf?

DALAI LAMA: O ja.

STEPHEN LEVINE: Wie begegnet Ihr ihr?

DALAI LAMA: Ich habe festgestellt, daß es zwei Arten von Angst gibt. Die erste Art taucht auf, wenn eine Situation ziemlich heikel oder kritisch ist. Ich weiß dann, daß ich eine Entscheidung treffen muß, ganz gleich, ob ich weiß, was zu tun ist, oder nicht. Als erstes versuche ich, mich mit meinen Freunden zu beraten und darüber nachzudenken. Dann entscheide ich und handle, und ich bereue das nie. Letztlich ist das sehr eng mit der jeweiligen Motivation verbunden. Wenn ich nicht aus negativen, egoistischen Motiven heraus handle, dann empfinde ich tief in meinem Innern auch keine Schuld. Wenn ich nach bestem Wissen und Gewissen handle, dann gibt es keine Reue, auch wenn die Dinge nicht so verlaufen wie erwartet.

Die zweite Art von Angst entspringt unserer Vorstellung. Um diese Angst zu überwinden, braucht man innere Gelassenheit, damit man sie näher untersuchen kann. Bei eingehender Betrachtung löst sich die imaginäre Angst auf.

Man muß aber jeden Fall einzeln betrachten. Denn manchmal ist die Angst durch eine reale Gefahr begründet. Dann ist es sinnvoll, sich zu fürchten. Die Angst veranlaßt einen, alle nötigen Vorkehrungen zu treffen. Es kann sehr nachteilig sein, wenn man angesichts einer realen Gefahr keine Angst verspürt.

Wenn jedoch keine Gefahr droht, ist die Angst von uns selbst erzeugt. Bei dieser Art von Angst ist es das wichtigste, zutiefst offen und ehrlich zu sein. Das hilft einem sehr, die Angst zu verringern. Hat man Selbstvertrauen, kann man jedem Menschen begegnen und mit ihm oder ihr sprechen. Selbst wenn man dabei noch Angst hat, trägt man durch das eigene Selbstvertrauen so etwas wie Gerechtigkeit oder

Wahrheit in sich. Ich glaube daher, wenn ich von meiner eigenen Erfahrung ausgehe, daß das wichtigste im Leben Mitgefühl und eine altruistische Haltung sind.

LIEBE UND MITGEFÜHL

FRAGE AUS DEM PUBLIKUM: Wir haben nun viel über Leid und Aggression gesprochen. Könntet Ihr, Eure Heiligkeit, noch etwas über die Freude und das Glück sagen?

DALAI LAMA: Wenn jemand Ihr Leid lindert, so ist das bereits Glück. Ein tibetisches Sprichwort lautet: »Wer sich zu sehr freut, der bald bereut.« Das verweist auf die Relativität von Freude und Schmerz sowie darauf, daß alles seine Grenze haben sollte.

Vom Standpunkt eines praktizierenden Buddhisten aus ist es wichtig, Gleichmut zu bewahren und allzu viele Hochs und Tiefs zu vermeiden. Man empfindet Freude, Leid, sogar Bedrückung, aber ohne allzu große Höhen oder Tiefen. Diese Lebensweise mag farblos erscheinen, aber ein bunteres, aufregenderes Leben ist in einem tieferen Sinne nicht gut. Es ist wie mit der Beleuchtung in einem Raum. Wenn sie abwechselnd so hell ist, daß es einen blendet, und dann wieder zu dunkel, als daß man richtig sehen könnte, dann ist sie nicht sonderlich zweckmäßig.

Innere Ruhe und Gelassenheit sind, glaube ich, äußerst wichtig im Leben. Man entwickelt sie durch Übung. Herz und Verstand werden elastischer und stabiler, und man läßt sich seltener durch äußere Einflüsse aus der Fassung bringen. Das Gegenteil davon ist eine zu hohe Sensibilität, so daß Sie bereits der geringste negative Einfluß in Aufregung versetzt oder Sie niederdrückt, während ein kleiner positiver Einfluß genügt, um Sie in Hochstimmung zu versetzen. Das ist nicht sehr dienlich.

In der Tiefe unseres Bewußtseins haben wir die Weisheit, die uns trägt, wenn uns etwas Negatives widerfährt. Sie verhindert, daß wir davon aus der Bahn geworfen werden, und sorgt dafür, daß wir in der Lage sind, unseren Weg unbeirrt fortzusetzen. Dasselbe gilt, wenn etwas Gutes geschieht; auch dann sollte man seinen Weg unbeirrt fortsetzen. Sich nicht aus der Ruhe bringen lassen: Das ist das Geheimnis.

DANIEL BROWN: Eure Heiligkeit, ich möchte Euch eine Frage zur inneren Natur dieser Übung stellen. Mir scheint, es gibt zwei Arten von Übungen – solche, bei denen man mit den eher negativen, anrüchigen Eigenschaften der Seele arbeitet, und solche, in denen man sich aktiv bemüht, positive Eigenschaften zu entfalten. Es scheint so zu sein, daß sich diese Praktiken ergänzen, daß sie aber voneinander unabhängig sind. Die Arbeit an den negativen Geisteszuständen läßt nicht zwangsläufig positive Eigenschaften entstehen. Man muß sich zusätzlich darum bemühen, die positiven Eigenschaften wie Geduld, Glauben und Altruismus zu entfalten.

In unserer Gesellschaft haben viele Vertreter der eher analytisch orientierten Therapieformen die Betonung auf die Arbeit mit den negativen Gemütszuständen gelegt. Vertreter anderer Therapieformen, vor allem der transpersonalen Therapie, halten dies für nicht ausreichend und meinen, wir müßten auch die positiven Eigenschaften berücksichtigen. Das heißt, daß wir uns mit denselben

Themen auseinandersetzen. Wie werden diese positiven Eigenschaften im Buddhismus entfaltet?

DALAI LAMA: Um eine altruistische Haltung entwickeln zu können, macht der Meditierende das Wohl seiner Mitmenschen zu seinem Hauptanliegen und denkt immer wieder über den Gewinn nach, der sich daraus ergibt, daß er sie wertschätzt und für sie sorgt. Diese Vorteile wägt er gegen die Nachteile einer Haltung ab, bei der jemand nur um sein eigenes Wohl bemüht ist und sich über seine Mitmenschen stellt. Zusammengenommen führen diese beiden Facetten der Meditation zu einer produktiven und konstruktiven Haltung.

Ähnlich erwägt jemand, der Herzensgüte entwickeln will, zugleich die Nachteile des Hasses. Diese beiden Übungen gehören ebenfalls zusammen und fördern sich gegenseitig.

Worauf sollte man zu Beginn seinen Schwerpunkt legen? Man kann das nicht verallgemeinern. Das ist individuell verschieden.

DANIEL GOLEMAN: Eure Heiligkeit, unser westliches Verständnis von geistiger Gesundheit ist unvollständig. Welchen Begriff von geistiger Gesundheit hat der tibetische Buddhismus?

DALAI LAMA: Letztlich ist nur ein Buddha wirklich gesund. Aber das ist etwas hochgegriffen. Um mit beiden Füßen auf der Erde und bei unseren gegenwärtigen Verhältnissen zu bleiben, halten wir uns einfach an die bestehenden Konventionen, wenn wir beurteilen, ob ein Mensch gesund ist oder nicht. Wann wird ein Mensch von der Gesellschaft als gesund oder heil angesehen? Es gibt keine absoluten Kriterien. Jemand mag uns als ein vortrefflicher Mensch erscheinen, aber dann begegnen wir einem anderen Menschen, den eine noch größere Weisheit und Nächstenliebe auszeichnet, und nun erscheint uns der erste Mensch diesem zweiten gegenüber als unterlegen. Es gibt keine absolut gültigen Kategorien.

Aber wenn wir genauer sein wollen, können wir sagen, daß ein gesunder Mensch jemand ist, der anderen hilft, wenn sich die Gelegenheit dazu bietet. Wenn das nicht möglich ist, dann vermeidet er oder sie es zumindest, anderen zu schaden. Wer sich so verhält, ist ein gesunder Mensch. Das ist der Kern des Buddhismus. Und ich glaube, daß dies der Kern aller spirituellen Traditionen ist.

DANIEL GOLEMAN: Stimmt es demnach, daß eine einzelne Person, die jemanden liebt, der von sonst niemandem geliebt wird, das Tor zum Mitgefühl öffnen kann?

DALAI LAMA: Ja, genau.

MARGARET BRENMAN-GIBSON: Das ist genau die Position, in der sich Betreuer oder Therapeuten oft befinden: die einzigen zu sein, die eine aufrichtige Zuneigung zu diesem Menschen empfinden, der leidend und ohne jemals etwas Liebenswertes an sich entdeckt zu haben, zu ihnen kommt.

Oft sage ich zu meinen Studenten nach der ersten Stunde mit einem Patienten, der sehr stark leidet und Hilfe sucht: »Mögen Sie diese Person denn überhaupt? Wirklich? *Ehrlich?*« Und wenn sie mir antworten: »Nein, eigentlich nicht«, dann sage ich: »Lassen Sie bitte jemand anderen mit diesem Menschen arbeiten. Wenn Sie nichts Liebenswertes an diesem Menschen entdecken, auf das Sie spontan reagieren können, dann sind Sie nicht der richtige Mensch, der diesem Menschen helfen kann.«

DALAI LAMA: Unbedingt. Das ist sehr wahr.

DANIEL GOLEMAN: Es scheint, daß Leute, die ohne Liebe aufgewachsen sind oder mißhandelt oder von den Eltern mißbraucht wurden, nur sehr schwer ein Mitgefühl für andere entwickeln können. Eure Heiligkeit, wie kann man jemandem, der sich selbst nicht liebt, helfen, andere zu lieben und Mitgefühl zu empfinden?

DALAI LAMA: Wenn dieser Mensch nie von irgendwem Liebe erfahren hat, wenn ihm nie jemand Liebe gezeigt hat, dann ist das sehr schwierig. Aber wenn der oder die Betreffende auch nur einem Menschen begegnet, der ihr oder ihm eine bedingungslose Liebe entgegenbringt – also sie oder ihn einfach akzeptiert und Mitgefühl zeigt –, hat dies auch dann eine Wirkung und wird dankbar entgegengenommen, wenn dieser Mensch selbst nie ein Mitgefühl gespürt hat, weil er sich jetzt selbst als Objekt der Zuneigung und der Liebe eines anderen Menschen erfahren hat. Weil dieser Mensch die Anlage dazu in sich trägt, wirkt dieser Akt der Liebe entsprechend auf ihn ein, und schließlich geht die Saat auf.

STEPHEN LEVINE: Eure Heiligkeit, ich kenne viele Menschen, die intensiv an sich gearbeitet und dann einen Punkt erreicht haben, wo es ihnen schwerfällt, Freude in ihrem Leben zu empfinden. Es ist mehr als bloß die Erkenntnis, daß das Streben nach Genuß und Befriedigung zum Leiden führt. Es ist eine tiefe Traurigkeit, die diese Menschen befällt, die im Dienste ihrer Mitmenschen tätig sind. Es ist nicht viel Freude in ihrem Leben. Wie können wir lernen, auch im Dharma* eine Leichtigkeit des Seins zu bewahren?

DALAI LAMA: Vielleicht kann man ihnen etwas vom tibetischen Gehirn abgeben. Die Tibeter sind sehr fröhliche Menschen. – Ich mache nur Spaß. Wenn jemand während seines ganzen Lebens ständig Tragödien erlebt, kann es ihm helfen, daran zu denken, daß es viele frühere und auch viele zukünftige Leben gibt. Erscheint einem das gegenwärtige Leben als hoffnungslos, dann sieht man es so in einem größeren Zusammenhang.

Ich glaube, Sie sprechen aber nicht von einem Leben voller Mißgeschicke, sondern von einem, das auf spirituelle Übungen und den Dienst am Mitmenschen ausgerichtet ist, wobei der oder die Betreffende aber trotzdem deprimiert und unglücklich ist und keine Freude empfinden kann. Durch Meditation kann man einen tiefen Einblick in das Wesen des Bewußtseins und den unbefriedigenden Charakter dieses Kreislaufs der Existenz gewinnen. Hierbei entwickelt man den Wunsch, sich aus dem Kreislauf des Leids zu befreien. Die eigene Praxis und die persönlichen Verpflichtungen gegenüber der Gesellschaft können aber dazu führen, daß die eigenen Erwartungen nicht erfüllt werden. Vielleicht hat man seine Sache nicht so gut gemacht, wie man es gewollt oder erwartet hatte, und diese Enttäuschung kann die Lebensfreude beeinträchtigen. Vielleicht hängt es also mit den Erwartungen zusammen. Vielleicht hat man

* Dharma: Lehre Buddhas über die universelle Wahrheit. (Anm. d. Übers.)

am Anfang zu hohe Erwartungen, die einem dann später die Freude rauben.

JEAN SHINODA BOLEN: Eure Heiligkeit, ich habe eine Frage zur Balance zwischen Distanz und Mitgefühl. In der herkömmlichen westlichen Psychotherapie wird meines Erachtens ein anderer Grad an Nähe und an Fähigkeit zur Nähe gefördert als im tibetischen Buddhismus. Die buddhistische Haltung, glaube ich, ist eher die eines Psychotherapeuten. Als Psychotherapeuten empfinden wir Mitgefühl und kritisieren nicht. Wir bewahren eine gewisse Distanz, beobachten die Gefühle der anderen Person und versuchen, uns während unserer Arbeit nicht in unsere eigenen Gefühle zu verstricken. Wenn wir aber mit einer solchen Haltung nach Hause gehen und die Menschen, die uns am nächsten stehen, beobachten würden, ohne zu reagieren, wenn wir sie einfach betrachten, über sie nachdenken und Mitgefühl mit ihnen haben würden, dann wären wir ihnen nicht nahe genug, um jene Vertrautheit aufkommen zu lassen, die über Jahre anhält und uns auch unseren eigenen Gefühlen näherbringt.

Psychologen – und manchmal auch Meditierende – entwickeln mit der Zeit das Problem, daß sie nicht mehr spontan auf die Situation anderer reagieren können. Wenn wir das bis ins Extrem fortsetzen, könnten wir die innere Entfremdung der Bombenhersteller erreichen, weil wir uns einfach zu weit von unseren spontanen Zuneigungen, Reaktionen und Ängsten, eben von allen Gefühlen entfernt haben.

Es ist notwendig, diese Gegensätze zusammenzubringen. Man sollte imstande sein, andere zu beobachten und mit ihnen mitzufühlen, aber auch engste Beziehungen mit

ihnen einzugehen und sie sehr zu mögen, so sehr, daß
emotionale Verluste einem auch wirklich nahegehen, weil
andere einem wirklich etwas bedeuten. Das heißt, daß sie
uns großen Kummer bereiten und uns tief verletzen werden, weil sie uns wichtig sind und nicht bloß, weil wir
pathologisch distanziert oder fixiert sind. Ich glaube, das
optimale Niveau, das wir in unserer Arbeit anstreben, ist
ein anderes. Dies ist sowohl eine Beobachtung als auch ein
Hinweis auf eine mögliche Schattenseite der Meditations-
praxis.

DALAI LAMA: Wenn jemand ein sehr tiefes Mitgefühl empfindet, dann bedeutet dies ja schon, daß er eine enge Beziehung zu einer anderen Person hat. In den buddhistischen
Schriften heißt es, wir sollen eine Liebe entfalten, die jener
gleicht, die eine Mutter für ihr einziges Kind empfindet.
Das ist eine sehr enge Beziehung. Der buddhistische Begriff
des Verhaftetseins entspricht nicht dem, was die Menschen
im Westen darunter verstehen. Wir sagen, die Liebe einer
Mutter zu ihrem einzigen Kind sei frei von Verhaftetsein.

JACK ENGLER: Gerade wir Amerikaner gehen oft davon
aus, daß es unser Recht ist, glücklich zu sein. Wir werden
ärgerlich, wenn wir nicht glücklich sind oder wenn jemand
anderes etwas bekommt und wir nicht oder wenn andere
mehr bekommen als wir. Das scheint ein Teil der Voraussetzungen zu sein, auf denen dieses Land gründet.

  Diese Haltung unterscheidet sich, glaube ich, von der
buddhistischen Anschauung, daß wir glücklich sein *können*. Die Vorstellung, daß es unser gutes Recht ist, glücklich
zu sein, und daß wir das Recht haben, es sofort zu sein,
ohne erst lange darauf warten zu müssen, und daß es uns

auch keine allzu großen Anstrengungen kosten darf, ist
sehr destruktiv. Aber sie ist ein Teil des American dream.
Obwohl die amerikanische Verfassung lediglich feststellt,
daß es unser Recht ist, nach Glück zu streben, glauben wir
normalerweise, daß wir ein Anrecht darauf haben, dauernd
·glücklich zu sein. Das färbt auch auf unser Handeln ab.
Wenn uns unsere buddhistischen Übungen zum Beispiel
nicht auf der Stelle glücklich sein lassen, sind wir kaum
dazu in der Lage, die Haltung eines Bodhisattva einzunehmen und uns auf den Dienst am Mitmenschen und auf die
Nächstenliebe zu konzentrieren. Hinter all dem verbirgt
sich tendenziell die Überzeugung, daß das eigene Glück an
oberster Stelle steht, und diese Haltung wird durch unsere
Kultur wieder und wieder bestätigt.

DALAI LAMA: Es ist ganz natürlich, das eigene Glück anzu-
streben und hart zu arbeiten, damit man es sofort erreicht.
Es ist aber ein Unterschied, ob man dabei das Glück der
anderen geringschätzt oder ignoriert oder sich sogar auf
ihre Kosten durchsetzt. Zwischen diesen beiden Haltungen
besteht ein großer Unterschied.

FRAGE AUS DEM PUBLIKUM: Könntet Ihr, Eure Heiligkeit,
noch etwas über das Mitgefühl in Organisationen – Firmen,
sozialen Organisationen, staatlichen Organisationen – sagen? Wie kann man dazu beitragen, daß auch Organisationen in ihrer Funktion als Organisationen mitfühlend handeln?

DALAI LAMA: Auf der einen Seite gibt es keine Organisation, die sich nicht aus Individuen zusammensetzt. Ohne
Individuen gibt es auch keine Organisationen. Es ist des-

halb das beste, wenn man sich auf die Einzelpersonen in den Organisationen konzentriert, besonders auf diejenigen, die die größte Verantwortung tragen, und versucht, sie zu größerer Bewußtheit und zu mehr Mitgefühl zu ermutigen. Wenn wir ein stärkeres Bewußtsein davon verbreiten können, welche positiven Auswirkungen das Mitgefühl auf die gesamte Gesellschaft hat, wird dies entscheidend zu unserem Überleben beitragen.

JEAN SHINODA BOLEN: Könntet Ihr etwas näher darauf eingehen, warum das für unser Überleben entscheidend ist?

DALAI LAMA: Wir haben viel über die Krise der gegenwärtigen Zivilisation gesprochen, die große Unruhe und die Probleme, mit denen wir konfrontiert sind. Wodurch sind sie entstanden? Durch den Mangel an Mitgefühl und Herzensgüte. Wenn wir uns das vor Augen halten, dann sind die Vorteile des Mitgefühls doch offensichtlich. Natürlich ist die Bedrohung durch die Atomwaffen etwas sehr Gefährliches, aber wenn man dieser Bedrohung ein Ende setzen will, muß man die Lösung letzten Endes im Mitgefühl und in der Erkenntnis suchen, daß die anderen Menschen unsere Schwestern und Brüder sind.

FRAGE AUS DEM PUBLIKUM: Ich habe festgestellt, daß Kinder beginnen, ihr Mitgefühl zu verlieren, wenn sie in die Schule kommen und auf andere stoßen, die kein Mitgefühl kennen. Welchen Rat könnt Ihr Kindern geben, die lernen müssen, mit anderen Menschen umzugehen, die kein Mitgefühl haben, und die trotzdem ihr eigenes Mitgefühl entwickeln wollen?

DALAI LAMA: Es ist sehr wichtig, daß sie enge Kontakte zu ihren Freunden haben, guten Freunden, die innerlich intakt sind, aber auch zu ihren Eltern und zu ihrer Familie. Auf diesen Bereich sollten sich die Kräfte konzentrieren, auf die Herstellung enger und gesunder Familienbande. Abgesehen davon gibt es nicht viel, was man tun kann.

Wenn Menschen auf die Welt kommen, ernähren sie sich zunächst von der Milch ihrer Mutter. Das ist die erste Lektion in Sachen Liebe und Mitgefühl. Wenn wir die Milch unserer Mutter saugen, so ist das von Natur aus ein Beispiel für eine menschliche Beziehung, die auf Zuneigung gründet. Wir müssen versuchen, diese Haltung zu bewahren. Durch sie entwickeln wir enge Beziehungen – die Zuneigung zwischen uns und unserer Mutter, von deren Milch wir uns ernährt haben, bildet die Grundlage. Das Mitgefühl innerhalb der Familie ist sehr wichtig. Herrscht in der Familie eine Atmosphäre des Mitgefühls, dann nützt das nicht nur den Eltern, sondern auch den künftigen Generationen, weil sie sich geistig und körperlich viel gesünder entwickeln.

Ich bin zutiefst davon überzeugt, daß das Mitgefühl nicht nur das geeignete Mittel für die Herausbildung des vollentwickelten Menschen ist, sondern auch für das Überleben überhaupt, von der Empfängnis über die Geburt bis zum Erwachsenwerden. Für mich ist dies völlig klar.

DER BUDDHISMUS IM WESTEN

JACK ENGLER: Eure Heiligkeit, wenn wir Amerikaner etwas beginnen, stellen wir zuerst einmal Fragen. Wir tendieren dazu, nach besseren Techniken zu suchen. Es ist für uns sehr wichtig, erst einmal die »vollkommene Erkenntnis« zu entwickeln und unser Tun im Zusammenhang zu sehen und zu verstehen, bevor wir einen bestimmten Weg einschlagen. Wenn wir uns mit der buddhistischen Tradition auseinandersetzen, erfahren wir, daß sie mit der sonderbaren Geschichte von Buddhas großer Entsagung beginnt. Ein Mann namens Siddhartha Gautama verläßt seine Familie, sein Volk und sein Königreich, um sich auf eine ganz persönliche, private Suche zu machen. Aber was mit seiner Familie, seinem Volk passiert, erfahren wir kaum.

Ich habe bereits die Hälfte meines Lebens hinter mir, und mir scheint, ich lebe mein Leben rückwärts. Ich fing mit der Meditation an und wurde dann Familienvater. Jetzt habe ich eine Familie, ein Haus im Grünen, zwei Autos, eine Arbeit, die mir zuwenig Zeit läßt, und ich bin noch immer auf der Suche. Damit ist es mir sehr ernst, aber ich habe meine Familie, meine Autos und all diese Dinge. Ich glaube, die buddhistische Tradition weist darauf hin, daß man all dies hinter sich lassen muß, um den Weg zu gehen. Was kann ein Mönch wie Ihr, der diese Dinge aufgegeben hat, jemandem wie mir sagen?

DALAI LAMA: Es ist keineswegs so, daß sich der Weg eines ganz in seinen gesellschaftlichen Verpflichtungen aufgehenden Familienvaters nicht mit dem buddhistischen Weg vereinbaren ließe, auch wenn Buddhas eigene Lebensgeschichte anders verlaufen ist. Es ist durchaus möglich, auch als Familienvater den Weg zur Befreiung und zur Buddhaschaft zu beschreiten. Das ist eine Frage Ihrer eigenen Fähigkeiten und Interessen und auch eine Frage der Bedürfnisse der Gesellschaft, denen Sie entsprechen möchten.

Ich lege Angehörigen der westlichen Gesellschaft, die den buddhistischen Weg gerade erst betreten haben, oft nahe, sich durch ihre buddhistische Praxis nicht völlig von der westlichen Gesellschaft zu lösen. Wo immer man auch lebt – man muß ein nützliches Mitglied der Gesellschaft bleiben. Das ist sehr wichtig.

In dieser Gesellschaft, in der ein Mönch eine eher seltene Erscheinung ist, wäre es für einen buddhistischen Mönch sehr viel schwieriger, sich in die Gesellschaft zu integrieren und sich mit den Menschen auszutauschen, um ihnen zu nützen. So gesehen ist es unter Umständen besser, Familienvater zu sein.

DANIEL BROWN: Eure Heiligkeit, in dieser Gesellschaft sind auch enge Beziehungen ein wichtiger Teil des Weges der Suche nach Wahrheit. Ich habe fast zwanzig Jahre lang, teilweise intensiv, versucht zu meditieren, in Asien und hier. Ich habe dabei etwas über den Wert eines ständig wachen Bewußtseins gelernt und auch darüber, daß man, wenn man viele Stunden damit verbringt, das Kommen und Gehen seiner Gedanken und Gefühle zu beobachten, nicht immer gleich darauf reagieren muß. Verhaftetsein und Widerwille treten zwar immer noch auf, aber man hat etwas

Abstand gewonnen. Die Beobachtung der ständigen Bewußtseinsveränderungen hat mir auch gezeigt, daß es schwierig ist, ein stabiles Zentrum für das Ich zu finden. Es wird schwer, das gewöhnliche Selbst als für sich selbst existent zu begreifen. Dies alles waren sehr wichtige Erkenntnisse für mich.

Wie bei Jack ist auch mein Weg rückwärts verlaufen. Nach all der Meditation habe ich eine lange Psychotherapie, unseren westlichen Weg, begonnen. Ich habe zuerst eine fünfjährige Einzeltherapie bei einem Therapeuten und dann eine neunjährige Psychoanalyse bei einer Analytikerin gemacht und festgestellt, daß ich durch die Therapie und dann durch die Analyse eine völlig neue Erfahrung machen konnte.

Die Qualität der Beziehung in der Therapie hatte etwas Einzigartiges an sich. Bei der Analyse liegt man vier- oder fünfmal pro Woche eine Stunde lang auf einer Couch und spricht über seine Gedanken und Gefühle. Es ist sinnvoll und nützlich, dies in der Gegenwart einer anderen Person zu tun, deren ausdrückliche Funktion es ist, nicht in Form von Beschuldigungen oder Kritik zu reagieren.

Man lernt die Angst kennen, alles, was einem in den Sinn kommt, wahrzunehmen und darüber zu sprechen; man lernt aber auch, daß es möglich ist, darüber zu reden, ohne die Angst haben zu müssen, deshalb verurteilt oder zurückgewiesen zu werden. Das war eine neue Erfahrung, etwas, das ich in der Meditation nicht gelernt hatte.

Unter anderem würde ich gern wissen, wie man Meditation und Psychotherapie miteinander verbinden kann. Ich sehe beide als Formen des Bewußtseinstrainings, aber die erste gibt mir einen tieferen Einblick in die Arbeitsweise des Gehirns, während ich durch die zweite mehr über Ver-

trautheit erfahre, also darüber, wie ich im Beisein eines
anderen mir selbst gegenüber ehrlich sein kann. Beide
Wege sind nützlich, aber ich weiß nicht, wie ich sie zusam-
menbringen kann. Könntet Ihr, Eure Heiligkeit, etwas über
das Wesen zwischenmenschlicher Beziehungen und über
die Vertrautheit als Übungsweg sagen sowie darüber, welchen Eindruck Ihr von der westlichen Psychotherapie in
diesem Zusammenhang gewonnen habt?

DALAI LAMA: Ich habe keine Erfahrung damit, wie man die
westliche Psychotherapie auf den buddhistischen Weg an-
wenden könnte. Ich weiß aber, daß zwischenmenschliche
Nähe für einen spirituell Übenden notwendig ist, besonders
wenn dieser sich darum bemüht, seine inneren Konflikte
und Probleme zu überwinden. Wenn man sich geistig öffnen will, tut man das nur jemandem gegenüber, dem man
aus tiefstem Herzen vertraut, dem man sich sehr nahe fühlt.
Sich auf diese Weise zu öffnen ist ein wichtiger Schritt bei
der Überwindung innerer Probleme.

Das ähnelt dem Gelöbnis des Bodhisattva, sein ganzes
Leben dem Wohle anderer zu widmen. Man stellt sich in
den Dienst aller empfindungsfähigen Wesen: »Ich bin ganz
für euch da.« Wenn ein anderer Mensch begreift, daß man
allein für sein Wohlergehen da ist, kann ihm das sehr nützen. Das ist eine der grundlegenden Lehren des Mahayana-
Buddhismus über den Lebensweg eines Bodhisattva.

Dies ist auch mit der Frage des Verhaftetseins verbunden. Sobald von engen Beziehungen die Rede ist, taucht
auch die Frage des Verhaftetseins oder Festklammerns auf.
In den Lehren des frühen Buddhismus heißt es, daß das
Verhaftetsein die größte Leidensursache für den Geist ist,
während die späteren Mahayana-Lehren die Feindseligkeit

als größtes Problem betrachten. Nach den Mahayana-Lehren kann das Verhaftetsein als Mittel dienen, anderen empfindungsfähigen Lebewesen zu helfen.

DANIEL BROWN: Ich würde hierauf gern noch etwas näher eingehen. Wenn ich daran interessiert bin, eine Beziehung als Mittel auf dem Weg zur Wahrheit und als Übungsweg einzusetzen, dann finde ich in den buddhistischen Schriften keine einzige Stelle, die hierauf ausführlich eingeht. Wenn ich zum Beispiel eine Auseinandersetzung mit meiner Frau habe, dann kann dies Wut, Schmerz und Abneigung in mir hervorrufen. In einem solchen Augenblick ist es sinnvoll, wenn ich mir meinen Gemütszustand vor Augen führe, ein wenig über mich hinausgehe und meiner Frau mit den Worten die Hand reiche: »Vielleicht war ich nicht sensibel oder einfühlsam genug«, und versuche, die Situation von ihrer Warte aus zu betrachten. Irgendwie ändert sich dann etwas in mir, wir rücken beide der Wahrheit ein Stück näher, und die inneren Konflikte und das Leid lösen sich auf.

Ich finde Momente wie diese in meinem Umgang mit meiner Frau oder mit meinen Freunden sehr nützlich für die persönliche Entwicklung. Ich kenne aber kein einziges Beispiel im Buddhismus, wo dies als Praxis beschrieben oder erklärt wird. Gibt es solch ein Mittel?

DALAI LAMA: Im allgemeinen sind die Lehren Buddhas dafür entwickelt worden, bei Verzerrungen oder Heimsuchungen des Geistes zu helfen, besonders wenn es sich um ein Festklammern oder um Feindseligkeit handelt. Man kann darauf zurückgreifen, sobald derartige Probleme auftauchen. Geschieht dies im Zusammenhang mit einer engen Beziehung, etwa bei einem Konflikt mit Ihrer Gattin, dann kann die buddhistische Praxis sicherlich von Nutzen sein. Ich glaube, das wissen Sie bereits.

DANIEL BROWN: Traditionellerweise wird die Praxis in verschiedene Stufen unterteilt. Die buddhistischen Lehren über den Umgang mit Heimsuchungen können problemlos auch auf Konflikte mit meiner Frau angewandt werden. Aber wie ist es mit der Einsicht? Mit dem Verständnis der Leere? Und der Beruhigung des Geistes? Wie können diese Grundelemente im Rahmen einer engen Beziehung angewandt werden?

DALAI LAMA: Wir können sagen, daß es zwei Bereiche spiritueller Praxis gibt. Einige Elemente der spirituellen Praxis sind eher privater Natur; sie dienen allein dem Zweck, Einsicht zu entwickeln. Andere Elemente übt man besser in der Beziehung zu anderen. Im Buddhismus pflegen wir den Umgang mit anderen hauptsächlich, um ihnen zu helfen. Hierbei handelt es sich um unterschiedliche Bereiche, die jedoch eng miteinander verbunden sind.

Es dürfte leicht verständlich sein, in welcher Weise sich unsere Praxis positiv auf unsere Beziehungen auswirken kann. Ebenso verständlich dürfte es sein, auf welche Weise sich durch die Interaktion mit anderen Lebewesen positives spirituelles Potential in unserem Bewußtseins-Strom ansammelt, was sich wiederum positiv auf unsere jeweilige Praxis auswirkt. Aber den Gedanken, daß unser Umgang mit anderen unsere Einsicht fördern kann, finde ich recht interessant. Bei einer engen Beziehung, in der Liebe und Verhaftetsein miteinander vermischt sind, ist es jedoch schwierig zu sagen, wie dies dem Übenden helfen kann. In einem Fall, in dem man einem anderen Menschen regelrecht verfallen ist oder sich an ihn oder sie klammert und dieser Mensch zum Objekt der Begierde wird und die Abhängigkeit mit einem ausgeprägten Ich-Gefühl verbunden ist – »Ich liebe diesen Menschen. Ich will ihn besitzen« –, und wenn Sie begreifen, daß dies eine falsche Auffassung vom Selbst ist, können Sie dadurch einen gewissen Einblick in den Begriff der Leere bekommen.

DANIEL BROWN: Könntet Ihr bitte erklären, wie das in der buddhistischen Praxis funktioniert? Wie erreicht man das?

DALAI LAMA: In dem genannten Zusammenhang ist es ziemlich einfach, das Fehlen eines in sich geschlossenen unabhängigen Ichs oder Selbst zu erkennen. In Zeiten intensiver Leidenschaft, ob es sich nun um Begehren oder Feindseligkeit handelt, spürt man ein ausgeprägtes Ich-Gefühl und glaubt, dieses Selbst, das Ich, sei wesentlich. Wir nehmen dieses Ich-Gefühl in dem Augenblick, in dem es in uns entsteht, klar und deutlich wahr. Wenn wir dann herauszufinden versuchen, ob ein solches Selbst wirklich existiert, erkennen wir, daß dies nicht der Fall ist.

Wenn der Geist nicht in irgendwelchen Trübungen oder Verzerrungen befangen ist, bildet sich zwischen dem Objekt und dem Geist, der es wahrnimmt, ein kontinuierlicher Fluß. Der unbeständige Charakter der Wahrnehmung ist vielleicht nicht auf den ersten Blick sichtbar. Aber wenn wir durch irgendeine Leidenschaft erregt werden, erfüllt uns eine große innere Unruhe, und es wird leichter, die Flüchtigkeit oder Vergänglichkeit geistiger Ereignisse zu erkennen. Das Entstehen von Feindseligkeit und Abhängigkeit ist mit viel Energie verbunden. Unsere Aufgabe ist es, uns nicht in das Netz dieses inneren Verhaftetseins zu verstrikken, sondern zu lernen, diese Energie zu nutzen.

JACK ENGLER: Sowohl vom buddhistischen als auch vom psychotherapeutischen Standpunkt aus scheint es als ideal verstanden zu werden, wenn wir über das Leiden erhaben sind und davon unberührt bleiben und wenn wir durch Gleichmut ein Stadium erreichen, in dem uns der Schmerz nichts mehr anhaben kann. Ich habe den Eindruck, daß uns dieses Ideal in keiner Weise hilft.

STEPHEN LEVINE: Ich bin gar nicht sicher, ob es überhaupt möglich ist, nicht vom Leiden eines anderen berührt zu sein, wenn man mit dem Herzen bei der Sache ist.

JACK ENGLER: Oh, das ist möglich. Therapeuten passiert das ständig.

MARGARET BRENMAN-GIBSON: Sie versuchen es zumindest.

STEPHEN LEVINE: Aber nicht gute Therapeuten.

MARGARET BRENMAN-GIBSON: Ich bin keineswegs davon überzeugt, daß es für Therapeuten nützlich ist, dem Ideal nachzustreben, über dem Leiden derer zu stehen, die Hilfe bei ihnen suchen.

JACK ENGLER: Nein, wir tun das die ganze Zeit. Eure Heiligkeit, wir haben viel über die Bedeutung einer helfenden Beziehung in der Psychotherapie und in der spirituellen Praxis gesprochen. Ich erinnere mich daran, daß Ihr sagtet:

»Wenn es nicht möglich ist, anderen zu helfen, dann sollte man ihnen wenigstens nicht schaden.« Ihr sagtet außerdem, daß Vertrauen, Sicherheit und Verständnis erforderlich sind, wenn jemand seinem Leiden ins Auge sehen und es durchdringen will. Oft bedeutet dies, daß es zusammen mit einem anderen Menschen, in einer Gemeinschaft oder mit einem Meister geschieht. Das aber bringt Lehrer und Schüler oder Therapeuten und Patienten in eine sehr enge, vertraute Beziehung zueinander. Irgendwie müssen sie einander sogar lieben. Vielleicht handelt es sich um eine Mischung aus Liebe und Abhängigkeit, aber die Beziehung besteht und wächst.

Diese Beziehung birgt für beide Seiten bestimmte Verletzlichkeiten, Gefahren und Risiken, besonders aber für den Schüler oder Patienten. Es ist sehr traurig, daß wir heutzutage so viele Anzeichen dafür finden, daß Personen in helfenden Berufen ihre Machtposition mißbrauchen. In Boston, wo ich meine Praxis habe, kann man fast jeden Monat in den Schlagzeilen lesen, daß schon wieder ein Therapeut oder eine Therapeutin von einem Klienten oder einer Klientin beschuldigt wird, seine oder ihre Macht mißbraucht zu haben; gewöhnlich handelt es sich dabei um Männer, die Frauen mißbraucht haben. Wir haben auch von vielen ähnlichen Beispielen in buddhistischen Sanghas* gehört, in denen Lehrer ihre Vertrauens- und Machtposition mißbraucht haben.

Mehr und mehr Menschen kommen in meine Praxis, die von ihren Therapeuten mißbraucht wurden. In letzter Zeit sind sogar einige Therapeuten, die sich an Klienten vergangen haben, gekommen und haben mich um Hilfe gebeten.

* Gemeinschaften (Anm. d. Übers.)

Es ist sehr schwierig, mit Kollegen zu arbeiten, die ihre Klienten mißbraucht haben, aber wir müssen es tun. Sie benötigen genauso Hilfe wie alle anderen.

In der westlichen psychotherapeutischen Ausbildung lernt man, solche Situationen vorauszusehen und mit ihnen umzugehen, damit man der Gefahr nicht erliegt. Trotzdem erliegen ihr einige, denn das Risiko ist groß. Aber zumindest werden die Hauptsparten, denen die meisten Therapeuten angehören – Psychiatrie, Psychologie, Sozialarbeit, Krankenpflege –, durch staatliche Zulassungs- oder Zeugniskommissionen beaufsichtigt, die eine Kontrollfunktion ausüben. Ein nachgewiesener Verstoß gegen geltende ethische Richtlinien kann dazu führen, daß dem Therapeuten seine Berufserlaubnis entzogen wird. Die Klienten können ihrerseits eine zivil- oder strafrechtliche Klage einreichen.

Gibt es im Buddhismus etwas, das sich mit dieser Kontrollfunktion vergleichen läßt? Wie ist das bei buddhistischen Lehrern? Wie wird dieses Thema in ihrer Ausbildung behandelt? Und schließlich: Wenn öffentlich bekannt wird, daß ein Lehrer in diesem Bereich Probleme hat, wie verhalten sich dann die anderen Lehrer?

DALAI LAMA: Ein Teil der Schuld liegt auch bei den Schülern, weil sie ihre spirituellen Lehrmeister zu sehr verwöhnen; sie verderben sie. Nach buddhistischer Tradition wird man durch seine Beziehung zu seinem Schüler zum spirituellen Lehrer. Es gibt keine spezielle Zulassung, keinen Schein oder Titel, die man jemandem verleiht, um ihn zum spirituellen Meister zu machen. Man ist ein Lama, weil man Schüler hat.

Es ist wichtig, daß man, wenn man eine Beziehung zu

einem spirituellen Lehrer aufbaut, diesen nicht vorschnell als seinen spirituellen Lehrer betrachtet, da dies eine sehr kraftgeladene Beziehung ist. Je nachdem, wie lange es erforderlich ist – zwei, fünf, zehn Jahre oder noch länger –, betrachtet man diesen Menschen lediglich als einen spirituellen Freund. Während dieser Zeit beobachte man aufmerksam sein Benehmen, sein Verhalten, seine Lehrmethoden, bis man sich seiner Redlichkeit vollkommen sicher ist. Dann ist keine Zulassung erforderlich. Aber es ist sehr wichtig, daß man von Anfang an vernünftig und entschlossen vorgeht.

Es gibt in der Ausbildung eines Lama nichts, was einem speziell dabei hilft, einen Mißbrauch der eigenen Schüler zu vermeiden, wenn man denn je welche hat. Aber das Wesentliche an der buddhistischen Praxis ist ja die Entwicklung des Mitgefühls, einer altruistischen Haltung gegenüber anderen, und wenn dies aufrichtig versucht wird, dann wird ein Lehrer seinen Einfluß nicht mißbrauchen.

JACK ENGLER: Das ist ein sehr großes »Wenn«: Wenn jemand aufrichtig genug ist. Ich glaube, die Menschen gehen solche Beziehungen ein, weil sie annehmen, der Lehrer habe einen gewissen Grad an Erleuchtung. Wenn es dann zum Mißbrauch kommt oder ein ähnliches Fehlverhalten auftritt, ist die Enttäuschung recht groß.

DALAI LAMA: Ich empfehle buddhistischen Schülern normalerweise, nicht jede Handlung ihres spirituellen Lehrers als göttlich und erhaben anzusehen. In allen buddhistischen Schriften findet man präzise, sehr hohe Anforderungen, denen ein spiritueller Mentor genügen muß.

Wenn jemand einen Lehrer hat, der sich unpassend oder

falsch verhält, so ist es angebracht, wenn die Schüler dieses Verhalten kritisieren. In den Sutras, Buddhas eigenen Anweisungen, heißt es sehr deutlich, daß man dem Meister in jenen Bereichen, in denen sein Verhalten nützlich ist, folgen soll, während man ihm in denen, die es nicht sind, nicht folgen soll. Steht das Verhalten des Meisters also im Widerspruch zum Nützlichen und zu den buddhistischen Lehren, dann folgt man seinen Fußspuren nicht. Man sagt nicht einfach: »Dieses Benehmen ist gut, weil es das Benehmen des Gurus ist.« Das wird nie gemacht. Es steht in den Sutras ausdrücklich, daß man, wenn das Verhalten des Gurus unschicklich ist, es als solches erkennen und nicht nachahmen sollte. Es heißt unmißverständlich, daß das Abträgliche als etwas Abträgliches erkannt werden soll; daraus kann man ableiten, daß es angebracht ist, es zu kritisieren. In einem Text des »Höchsten Yoga-Tantra«* wird ausdrücklich erwähnt, daß kein Rat eines Lehrers, der nicht zur eigenen buddhistischen Lebensweise, zur eigenen Praxis paßt, befolgt werden soll.

JEAN SHINODA BOLEN: Alles, was Ihr gesagt habt, legt die Last der Verantwortung auf die Schultern des Schülers, nicht auf die desjenigen, der vermutlich der Erleuchtung näher ist.

DALAI LAMA: Der Guru, der spirituelle Lehrer, ist für sein oder ihr falsches Benehmen verantwortlich. Die Verantwortung des Schülers besteht darin, sich nicht mit hineinzie-

---

* Das Höchste Yoga-Tantra ist im tibetischen Buddhismus die höchste Kategorie oder Klasse des Tantra, eine Buddha zugeschriebene Sammlung von Schriften. (Anm. d. Übers.)

hen zu lassen. Die Schuld liegt bei beiden. Zum Teil rührt
sie daher, daß der Schüler dem spirituellen Meister gegenüber zu gehorsam, zu ergeben ist – eine Art blinder Hin-
nahme seiner Führung. Das verdirbt eine Person immer.
Ein Teil der Schuld liegt natürlich auch beim spirituellen
Meister, weil er nicht die Integrität besitzt, die man haben
muß, um gegen solche Schwächen immun zu sein.

JACK ENGLER: Eure Heiligkeit, die Beziehung zwischen
einem Schüler und einem Lehrer beginnt als ungleiche Beziehung, ähnlich wie dies bei einer therapeutischen Beziehung der Fall ist. Die eine Seite hat weit mehr Macht, und
vermutlich besitzt sie mehr Weisheit und einen tieferen
Einblick. Die andere Seite ist in der Position des Hilfe-
suchenden und ist deshalb viel anfälliger für einen Mißbrauch.

Ich habe die Befürchtung, daß so, wie Ihr es dargestellt
habt, jenem Teil zuviel Verantwortung zugemutet wird, der
mißbraucht oder ausgenutzt wird. Mir scheint, daß die größere Verantwortung, zumindest anfangs, beim Lehrer oder
Therapeuten liegen muß.

DALAI LAMA: Ja, Sie sehen die Dinge von der praktischen
Seite. Tatsächlich ist dies je nach Zentrum und Lama jeweils verschieden. Ich habe festgestellt, daß die meisten
Dharma-Zentren im Westen durch den Kontakt zwischen
einem einzelnen Lehrer und einigen Schülern entstanden
sind. Sie wurden nicht als Teil eines Programms einer Zentralorganisation ins Leben gerufen, und folglich bestand
bisher auch keine Möglichkeit, sie zu kontrollieren. Wir
tragen uns aber mit dem Gedanken, in Zukunft irgendeine
Form von zentraler Organisation einzurichten. Ich erhalte

eine ganze Menge Briefe, in denen man sich über diese unterschiedlichen Lehrer beklagt. Ich glaube deshalb, daß die Zeit dafür reif ist. Wir können etwas unternehmen.

Der Vorteil einer solchen Zentralorganisation würde darin bestehen, daß immer, wenn ein neues Dharma-Zentrum einen Lehrer braucht, ein entsprechender Ausschuß einen bestimmten Lehrer oder eine Lehrerin empfehlen könnte, der oder die über die grundlegenden Voraussetzungen eines spirituellen Lehrers verfügt. Auf dieser Basis könnte jemand ausgewählt werden. Erfolgt die Auswahl aber auf der Grundlage eines individuellen Kontaktes, ist es für einen Schüler oft schwierig zu beurteilen, ob der Lehrer geeignet und entsprechend qualifiziert ist.

Angenommen, eine bestimmte Person wurde zum Leiter eines Zentrums ernannt, und nach zwei, drei Jahren wird ihr Verhalten immer achtloser. In so einem Fall könnte der Ausschuß ihr seine Unterstützung entziehen und sagen: »Sie sind nicht länger für Ihre Aufgabe geeignet.«

DANIEL GOLEMAN: Ich glaube, das ist eine gute Nachricht für viele Dharma-Schüler – eine Zulassung für Lamas. Ich denke, es ist klar, daß die Mehrheit der Lehrer sehr gut ist. Nur eine kleine Gruppe hatte Probleme, aber vielleicht wißt Ihr davon mehr als ich, da Ihr so viele Briefe bekommt.

JACK ENGLER: Eure Heiligkeit, wenn es in der Beziehung zwischen Lehrer und Schüler vorkommt, daß der Lehrer einen Schüler mißbraucht oder auf unmoralische Art beherrscht, weil er als Lehrer mehr Wissen und vermutlich mehr Weisheit und größere Macht besitzt – ist dann nicht eigentlich der Lehrer schuld, statt zu sagen, es sei die

Schuld des Schülers, der ihm zu schnell sein Vertrauen geschenkt hat? Glaubt Ihr, daß die Schuld wirklich hauptsächlich beim Schüler liegt?

DALAI LAMA: Nein, in einem solchen Fall liegt die Verantwortung hauptsächlich beim Lehrer. Es ist eine Schande, wenn ein Mensch, der eigentlich das Dharma anbieten und spirituelle Unterweisungen geben sollte, Handlungen begeht, über die er anderen gegenüber sagt, sie seien zu vermeiden. Man kann sagen, daß solch eine Person ihre Aufgabe verraten hat.

MARGARET BRENMAN-GIBSON: Eure Heiligkeit, ich habe eine Frage über das Nicht-Verhaftetsein. Ich hoffe, ich zitiere Joanna Macy nicht falsch, wenn ich sage, daß es eine weitverbreitete Fehlinterpretation der buddhistischen Lehren ist, wenn Menschen, die nach Nicht-Verhaftetsein streben, sich ganz von der Welt distanzieren. Ist das nicht eine spirituelle Falle?

DALAI LAMA: Im Rahmen der buddhistischen Praxis gibt es zwei mögliche Haltungen gegenüber dem Verhaftetsein. Es ist eine Frage Ihrer Zielsetzung. Wenn Sie die individuelle Befreiung anstreben – die Befreiung für sich allein –, dann wird das Verhaftetsein ausschließlich als etwas Schädliches, als etwas, das man ablegen, meiden und verhindern sollte, angesehen. Suchen Sie hingegen die Befreiung zum Wohle aller Geschöpfe und wollen Sie für alle Lebewesen da sein, dann gibt es sogar Fälle, in denen Bodhisattvas dazu ermutigt werden, sich bei ihrem Dienst zum Wohl der anderen des Verhaftetseins zu bedienen. Es gibt einen Unterschied zwischen dem normalen Verhaftetsein, das auf

Egoismus beruht, und jenem Verhaftetsein, dem ein Gefühl der Nähe zu den Lebewesen, denen man helfen will, zugrunde liegt. In letzterem Fall sollte man das Verhaftetsein nicht aufgeben.

Besteht in der westlichen Psychotherapie die Anschauung, daß das Verhaftetsein bis zu einem gewissen Punkt neutral oder gar nützlich ist, und erst, wenn es darüber hinausgeht, schädlich wird? Wird diese Art von Unterscheidung getroffen?

DANIEL BROWN: Ich glaube, es gibt einen Mittelweg. Manchmal besteht ein zu hohes Maß an Verhaftetsein – wir nennen das pathologische Abhängigkeit –, und die Beziehungen bekommen einen zwanghaften Charakter. Das Verlangen ist zu stark. Auf der anderen Seite gibt es Menschen, die zu distanziert sind. Sie bleiben reserviert, zurückhaltend. Sie haben Probleme, offen und aufrichtig eine Beziehung einzugehen und ihre Gefühle zu zeigen. Irgendwo dazwischen gibt es eine Art von Bindung, die gesund ist, und wenn man einem Klienten helfen kann, diesen Mittelweg zu finden, so ist das nützlich.

STEPHEN LEVINE: Eure Heiligkeit, vielleicht herrscht im Westen einige Verwirrung. Ich weiß, in einigen buddhistischen Texten finden wir Beschreibungen von außergewöhnlichen Dingen, die Menschen auf dem Weg zur Selbsterkenntnis erleben. Einige Lehren scheinen darauf hinzuweisen, daß man nie zum Buddha werden kann, wenn man nicht imstande ist, trotz Mißhandlungen sein Mitgefühl zu bewahren.

Es gibt zum Beispiel die Geschichte eines Mönchs, der eine Straße hinuntergeht und plötzlich von Räubern überfallen wird, die ihm einen Arm absägen. Dabei erlangt er die erste Stufe der Erleuchtung. Er segnet die Missetäter und schenkt ihnen sein Mitgefühl. Dann sägen sie ihm ein Bein ab, und dabei erreicht er die zweite Stufe der Erleuchtung und breitet seine Herzensgüte über sie aus. Dann sägen sie ihm auch noch den zweiten Arm ab. Seine Erleuchtung wird tiefer, seine Seele ist weit geöffnet, sein Geist vollkommen klar.

Solche Texte lassen einen mit einem Gefühl der Unzulänglichkeit zurück und wirken tief entmutigend. Sie können leicht falsch aufgefaßt werden, als sei aus ihnen abzuleiten: »Wenn ich es nicht ertrage, daß andere mich mißhandeln, dann bin ich kein guter Buddhist.«

DALAI LAMA: Meinen Sie, daß ein buddhistischer Lehrer, der Sie derart unterweist, damit seine Gerissenheit und Verschlagenheit zeigt, weil er sich den Weg zu Ihrer Mißhandlung ebnen will?

STEPHEN LEVINE: Auf eine sehr geschickte Weise, würde ich sagen.

DALAI LAMA: Ich glaube, Sie sollten einen weiten Bogen um solche Lehrer machen.

FRAGE AUS DEM PUBLIKUM: Eure Heiligkeit, könnt Ihr uns einige Hilfestellungen für den Beginn einer spirituellen Praxis geben? Wie können wir in einer komplizierten, materialistisch ausgerichteten Gesellschaft einfach und beständig bleiben?

DALAI LAMA: Wenn man mit der spirituellen Praxis beginnt, tut man es wahrscheinlich mit einer gewissen Intensität, mit viel Schwung. Während dieser Phase ist es bisweilen schwierig, einfach und beständig zu bleiben. Hat man erst einmal ein bißchen Erfahrung, ist es nicht mehr allzu schwierig.

Die Umgebung, in der man mit der spirituellen Praxis beginnt, kann einige Bedeutung haben. In Amerika gibt es viele entlegene Orte. Sie können sich für ein paar Wochen an solch einen Ort begeben und dort intensiv üben. Im tibetischen Buddhismus aber isoliert man sich nicht vom Rest der Gesellschaft, wenn man übt. Das ist wichtig. Manchmal fällt mir auf, daß sich gewisse Menschen mit Begeisterung vom Rest der Gesellschaft absondern. Nach ein paar Jahren kommt es dann aber meist zu Problemen. Deshalb halte ich es für besser, in einer Gemeinschaft zu bleiben.

Ich glaube auch, daß es sehr wichtig ist, daß Sie nicht vergessen, daß Sie ein Mitglied der westlichen Gesellschaft sind. Ihr sozialer und kultureller Hintergrund und ihre Umgebung unterscheiden sich von meinen. Wenn Sie eine östliche Philosophie wie den tibetischen Buddhismus praktizieren wollen, sollten Sie das Wesentliche nehmen und versuchen, es Ihrem kulturellen Umfeld und den Bedingungen hier anzupassen. Im Laufe der Zeit können Sie Ihre spirituelle Praxis, zum Beispiel den Buddhismus, allmählich in Ihre eigene Kultur und die hier gültigen Werte integrieren, wie das in der Vergangenheit mit dem indischen, dem tibetischen und anderen Richtungen des Buddhismus auch geschehen ist. Allmählich muß sich auch ein westlicher oder ein amerikanischer Buddhismus herausbilden.

MIT ENGAGEMENT UND NÄCHSTENLIEBE DIE VERHÄLTNISSE ÄNDERN

JACK ENGLER: Eure Heiligkeit, als ich noch jung und voller Energie und Idealismus war, wollte ich viel Gutes in der Welt vollbringen, aber ich wußte nicht, wie ich wirklich etwas erreichen und die Dinge verändern konnte. Also habe ich nach Wegen gesucht, mich selbst zu verändern, und habe dabei eine Tradition der buddhistischen Praxis entdeckt, die sich auf den Weg nach innen und die Erforschung des eigenen Ichs konzentriert. Aber in meinem Eifer habe ich oft meine Familie, meine Freunde, meine Arbeit sowie meine gesellschaftlichen und andere Verpflichtungen vernachlässigt.

Jetzt bin ich alt und grau. Ich habe inzwischen gelernt, wie ich mehr bewirken kann in der Welt, und ich widme dem Dienst am Mitmenschen sehr viel Zeit, sowohl in meinem Beruf als auch außerhalb. Nun aber merke ich, daß ich das umgekehrte Problem habe: Ich gehe oft so sehr in diesen Tätigkeiten zum Wohle anderer auf, daß ich mich selbst verliere. Ich habe auch festgestellt, daß mein Einsatz, obwohl er anderen dient, allmählich nicht mehr von großem Mitgefühl getragen wird und nur noch bis zu einem gewissen Grade Erfolg hat. Wenn meine Taten nicht den gewünschten Erfolg zeigen, die Menschen nicht darauf ansprechen oder ich meine Ziele nicht erreiche, so ermüdet mich dies, ich werde ungeduldig und frustriert. Wie kann man das Bedürfnis, an sich selbst zu arbeiten und darauf zu achten, was in einem geschieht, mit dem Bedürfnis verbinden, anderen zu helfen, ohne sich in einem dieser beiden Bereiche zu verlieren?

DALAI LAMA: Wenn wir beginnen, den Buddhismus zu praktizieren, ist unsere Fähigkeit, anderen zu helfen, noch begrenzt. Der Schwerpunkt liegt bei der Selbstheilung, bei der Verwandlung unseres Bewußtseins und unserer Gefühle. Mit der Zeit aber werden wir stärker und sind mehr und mehr fähig, anderen zu helfen. Aber bis zu jenem Zeitpunkt kann es geschehen, daß wir vom Leid und den Schwierigkeiten anderer überwältigt werden. Das kann uns unserer Kraft berauben, und dann können wir anderen nicht mehr wirkungsvoll dienen, geschweige denn uns selbst. Wir müssen uns also anfangs einfach darum bemühen, so intensiv wie möglich an uns selbst zu arbeiten und gleichzeitig alles mögliche tun, um anderen Menschen zu helfen. Es ist nur natürlich, daß wir in beiden Bereichen an Grenzen stoßen, aber das müssen wir einfach akzeptieren.

JACK ENGLER: Ich danke Euch, es ist sehr hilfreich, das zu hören. Zuerst dachte ich, Ihr würdet sagen, wir müßten erst einmal an uns selbst arbeiten und einen bestimmten Grad der Selbstheilung erreichen, bevor wir uns in der Welt engagieren können. Ich meine aber, daß wir nicht warten können, bis wir ein bestimmtes Entwicklungsideal erreicht haben, um zu handeln. Wir müssen die ganze Zeit über handeln. Ich denke, die spirituelle Praxis bestärkt einen oft in dem Glauben, daß wir uns zunächst selbst entwickeln müssen, weil wir dann imstande sind, so zu handeln, daß wir anderen nicht schaden, da wir dann genau wissen, was zu tun ist. Es ist gut zu hören, was Ihr eben sagtet, weil ich denke, daß dieses Mißverständnis dadurch ausgeräumt wird.

DALAI LAMA: Es gibt verschiedene Ansätze. Wir können auch jahrelang mit dem einfachen Wunsch meditieren, uns selbst weiterzuentwickeln, wobei wir uns sagen: »Ich will die Befreiung erlangen. Ich will die Qualen meines Geistes überwinden.«

Bei der Bodhisattva-Praxis aber liegt der Schwerpunkt bei dem Dienst am anderen. Sollte es dabei vorkommen, daß wir unsere eigenen Übungen etwas vernachlässigen, weil wir intensiv damit beschäftigt sind, anderen zu helfen, dann können wir sagen: »Das war es wert, weil ich anderen ein wenig nützlich habe sein können.«

JEAN SHINODA BOLEN: Eure Heiligkeit, oft sehen wir in jemandem, der großes Leid auf sich nimmt, einen Kandidaten für die Heiligsprechung. Ich bin der Auffassung, daß es wichtig ist, daß man, wenn man schon nichts zur Veränderung der Verhältnisse beitragen kann, sich wenigstens nicht durch das, was einem zugefügt wird, vergiften läßt; mit anderen Worten, daß man sein Mitgefühl bewahrt oder die Haltung jenes Heiligen in der entsetzlichen Geschichte beibehält, der es ertrug, daß man ihm erst den Arm und dann ein Bein abschnitt und so weiter. Wenn man ein Geschehen nicht verhindern kann, dann bleibt einem nichts anderes übrig, als sich nicht vergiften oder in einen negativen Menschen verwandeln zu lassen.

In den Vereinigten Staaten wird seit den Anfängen unserer Geschichte die Betonung auf die Freiheit von Unterdrückung gelegt. Ich habe das Gefühl, daß manchmal ein sehr starkes Bedürfnis herrscht, sich für Dinge einzusetzen, die man für richtig hält. Eine mitfühlende Haltung käme zum Beispiel darin zum Ausdruck, daß man sagte: »So kannst du nicht mit mir umgehen. Wenn ich es zulasse, daß du mich mißhandelst, dann fühle nicht nur ich mich schlecht, sondern es bewirkt auch ein schlechtes Karma für dich und schadet deiner Seele. Das kannst du nicht mehr tun. Du kannst mich nicht verletzen. Du kannst mich nicht beherrschen.«

In unserer Kultur haben die meisten von uns die Möglichkeit zu sagen: »Das lasse ich nicht zu.« Die Menschen sollten dazu ermuntert werden, einen solchen Standpunkt einzunehmen, denn auch das Nichtstun ist eine Entscheidung, die Konsequenzen hat. Mir fallen zwei Redensarten ein, die daran erinnern: »Wer schweigt, stimmt zu« und »Für den Sieg des Bösen genügt es, daß die Guten untätig zusehen.«

Ich glaube, das gilt nicht nur für die Privatsphäre. Oft ist es nötig, sich einzumischen und auch für jemand anderen einzutreten. Wenn vor meinen Augen etwas geschieht, woran ich etwas ändern könnte, und ich sehe nur mitfühlend zu, dann ist das zuwenig. Wenn ich verhindern kann, daß ein Erwachsener ein Kind mißhandelt, dann ist es meine Verantwortung, aus meinem Mitgefühl heraus auch zu handeln.

Ich trete damit viel stärker für ein aktiv gelebtes Mitgefühl ein, als wir dies als Psychotherapeuten oder spirituell Praktizierende meist tun. Ich bin Euch, Eure Heiligkeit, sehr dankbar für Eure Ausführungen, durch die ich mich bestätigt fühle. Ihr würdet mir eine große Freude machen, wenn Ihr auf diese aktive Haltung noch näher eingehen könntet. Ist es genug, wenn man einfach mitfühlend ist, oder müssen wir aus diesem Mitgefühl heraus auch handeln?

DALAI LAMA: Mitgefühl allein ist nicht genug. Wir müssen handeln. Es gibt zwei Aspekte, die man beim Handeln berücksichtigen muß. Zum einen muß man die Verzerrungen und Probleme des eigenen Bewußtseins überwinden; man muß also seinen Zorn beschwichtigen und ihn allmählich zum Verschwinden bringen und so weiter. Das ist Handeln aus Mitgefühl. Der andere Aspekt ist eher gesellschaftlicher, öffentlicher Natur. Wenn aus Gründen des Mitgefühls etwas getan werden muß, um Unrecht gutzumachen, dann ist es für jemanden, der wirklich bemüht ist, anderen zu helfen, nicht genug, lediglich Mitleid zu empfinden. Daraus entsteht kein direkter Nutzen. Jemand mit Mitgefühl muß sich engagieren und einmischen.

DANIEL GOLEMAN: Eure Heiligkeit, was ermöglicht es einigen Menschen, so viel offener dafür zu sein, anderen zu helfen?

DALAI LAMA: Einige Leute erkennen die Möglichkeit nicht oder besitzen nicht die Fähigkeit, anderen zu helfen. Aus buddhistischer Sicht ist gerade diese Unfähigkeit ein Anlaß für spirituelle Praxis. Das Bedürfnis, anderen helfen zu wollen, ist von Mensch zu Mensch unterschiedlich. Es gibt verschiedene Neigungen und Vorlieben, ebenso wie es kurzfristige und langfristige Erfolge gibt. Die Situation ist kompliziert.

Worauf es wirklich ankommt, ist die Motivation. Wenn Sie mit den lautersten Absichten Ihren Dienst am anderen erfüllen können, dann können Sie, gleichgültig, was auch geschieht, aufrichtig und ohne Reue Ihren Weg fortsetzen. In meinem eigenen Fall gibt es kein eindeutiges Kriterium. Ob ich mit einer großen Gruppe oder mit wenigen Menschen zusammentreffe, ich versuche in jedem Fall, den anderen stets nach bestem Wissen und Gewissen von größtmöglichem Nutzen zu sein. Welchen Erfolg das kurz- oder langfristig hat, kann niemand sagen. Das einzige, was ich tun kann, ist, mich aus ganzem Herzen zu geben. Was auch immer dann geschehen mag, es gibt nichts zu bereuen.

Manchmal sieht man Menschen, die trotz bester Absichten zu sehr zögern. Das ist ein Hindernis. Während sie zögernd auf der Stelle treten und immer wieder einen neuen Anlauf für eine Entscheidung nehmen, wird die Gelegenheit möglicherweise vertan.

DANIEL GOLEMAN: Es gibt auch noch das Problem der inneren Abwesenheit. In einem bekannten theologischen Institut wurde ein psychologisches Experiment mit Studenten durchgeführt, die das Gleichnis vom barmherzigen Samariter studieren mußten. Das ist eine Geschichte aus der Bibel. Ein Mann liegt verwundet am Straßenrand, und drei Personen gehen an ihm vorbei, ohne ihm zu helfen. Dann bleibt einer stehen und hilft ihm, und dafür wird er der barmherzige Samariter genannt.

Die Theologiestudenten gingen gemeinsam von einem Gebäude zu einem anderen, in dem sie einen Vortrag über diese Geschichte halten mußten. Auf ihrem Weg kamen sie an jemandem in einem Türeingang vorbei, der stöhnte: »Helft mir bitte, helft mir.« Keiner von ihnen blieb stehen. Sie waren alle in den edlen Gedanken darüber, wie man anderen hilft, vertieft, über den sie kurz darauf einen Vortrag halten mußten.

DALAI LAMA: Es fehlte ihnen einfach an Aufmerksamkeit. Sie waren so in das vertieft, worüber sie sprachen, daß sie die Gelegenheit übersahen, es in die Tat umzusetzen.

DANIEL GOLEMAN: Aber, Eure Heiligkeit, wir alle sind doch die meiste Zeit mit unseren täglichen Unwichtigkeiten beschäftigt.

DALAI LAMA: Ja.

DANIEL GOLEMAN: Und wir gehen an so vielen Gelegenheiten, stehenzubleiben und zu helfen, vorbei.

DANIEL BROWN: Die westliche sozialpsychologische Forschung über altruistisches Handeln hat ergeben, daß viele Menschen anderen in Situationen, in denen sie ihnen helfen könnten, nicht helfen. Sie ignorieren die Situation einfach. Nur eine geringe Anzahl reagiert und hilft. Die Forscher haben nach den Ursachen gesucht, die zum Helfen motivieren. Sie haben herausgefunden, daß es oft nicht Einfühlungsvermögen, Liebe oder Güte sind, sondern Empörung. Die Person erkennt ein Unrecht und denkt: »Das ist falsch. Das ist absolut und eindeutig falsch. Ich muß helfen.«

Man hat auch Studien über den sexuellen Mißbrauch von Kindern durchgeführt. Die typische Reaktion derjenigen, die dies überleben, ist Empörung. Wenn diese Menschen erwachsen werden und wenn sie dies verarbeiten können, geschieht es oft, daß diese Empörung in eine positive Motivation verwandelt wird, anderen zu helfen, damit sie nicht ebenfalls mißbraucht oder traumatisiert werden. Wir meinen, daß diese Empörung manchmal eine sehr positive Motivation ist, weil sie zu mitfühlendem Handeln führen kann.

DALAI LAMA: Im Buddhismus wissen wir darum, daß die Motivation zu Beginn einer Handlung eine andere sein kann als die Motivation im Verlauf dieser Handlung. Beispielsweise mögen Sie eine Sache mit Mitgefühl angehen, aber wenn Sie dann mitten in Ihrer Tätigkeit stecken, können Wut, Empörung und Feindseligkeit in Ihnen aufsteigen. Man übt daher, sich von diesen Gefühlen nicht überwältigen zu lassen. Wenn Ihr Herz von Mitgefühl erfüllt ist, wenn Sie einmal die »Vollkommenheit des Mitgefühls« erfahren haben, ist Ihr ganzes Handeln durch Lauterkeit geprägt. Bis Sie aber jenen Zustand erreicht haben, kann es vorkommen, daß Sie anfangs Mitgefühl empfinden und dann von Empörung und anderen Emotionen ergriffen werden.

DANIEL GOLEMAN: Wir haben aber das Gegenteil festgestellt, daß es mit Empörung beginnt.

DALAI LAMA: Aber selbst wenn Sie es nicht Mitgefühl nennen, besteht da nicht eine echte Anteilnahme an den Rechten anderer Menschen und eine Empörung darüber, daß ihren Rechten nicht entsprochen wird? Die Sorge um die Rechte anderer kommt dem Mitgefühl sehr nahe.

DANIEL BROWN: Für uns ist klar, daß eine durch Empörung entstandene Motivation stärker und kraftvoller ist als eine durch Liebe entstandene. Aber warum reagieren manche Menschen mit Empörung und sagen: »Dies ist absolut falsch. Ich muß helfen«, während andere das nicht tun?

DALAI LAMA: Nach buddhistischer Auffassung ist Mitgefühl der Wunsch, andere vom Leiden zu befreien. Herzensgüte oder Liebe hingegen entspringt dem Wunsch, andere zum Glück zu führen. Das scheint hierbei eine Rolle zu spielen.

DANIEL BROWN: Es kann also sein, daß diejenigen, die mit solch großer Empörung reagieren, eigentlich dieses Mitgefühl haben?

DALAI LAMA: Angenommen, jemand wird mißbraucht oder zum Opfer von Gewalt und leidet dadurch sehr, und zu einem späteren Zeitpunkt erlebt diese Person, wie jemand anderem etwas Ähnliches widerfährt, und sie will, daß diese andere Person nicht durchmachen muß, was sie selbst durchgemacht hat, dann nennt man dies Mitgefühl.

DANIEL GOLEMAN: Erlaubt mir, Eure Heiligkeit, daß ich ein weiteres Beispiel anführe. Der Alkoholismus ist in dieser Gesellschaft ein großes Problem. Viele Menschen sind alkoholabhängig, und normalerweise spricht in den Familien, in denen dies geschieht, niemand darüber. Obwohl der Alkoholismus sowohl für den Alkoholiker selbst als auch für alle anderen Familienmitglieder sehr schmerzliche Folgen hat, wird darüber geschwiegen. Vielleicht haben die Leute Angst, darüber zu reden. Wie kann jemand, der dieses Leiden erlebt und in dieses Netz verstrickt ist und Angst hat, etwas zu sagen, den Mut zu dem mitfühlenden Akt finden und sagen »Das ist schrecklich« und seinen Zorn zum Ausdruck bringen und die Sache beim Namen nennen? Das ist ein sehr großes Problem.

DALAI LAMA: Wenn im Falle eines Alkoholikers jemand in der Familie glaubt, es könne nützlich sein, wenn er oder sie etwas sagen würde, und es dann nicht tut, dann ist das falsch. Wenn jemand aber davon überzeugt ist, daß er oder sie damit nichts bewirken könnte, weil der Betroffene nicht zuhören würde, und daß eine Bemerkung die Situation möglicherweise sogar noch verschlimmern könnte, dann kann dies Grund genug sein, sich nicht aufzulehnen und seine Meinung zu sagen.

DANIEL GOLEMAN: Wenn Menschen etwas verheimlichen, dann geschieht das normalerweise aus Furcht. Man befürchtet etwa, daß die betreffende Person sehr wütend wird oder daß die Familie auseinanderbricht.

DALAI LAMA: Das ist auch ein Argument. Das kann passieren. Angenommen, Sie halten dieser Person ihren Alkoholismus vor, tun das jedoch auf eine Art, die ungeschickt, zu hart und zu kritisch ist, dann kann es gut sein, daß Sie zu dem Leiden, das diese Person aufgrund ihres Alkoholismus ohnehin schon durchmacht, noch neues Leiden hinzufügen, auch wenn es stimmt, was Sie sagen. Die Dinge sind relativ. Nichts ist absolut. Normalerweise müssen wir die Wahrheit sagen. In einigen Fällen kann es aber katastrophale Folgen haben, wenn wir die Wahrheit sagen. Deshalb kann es in Fällen, in denen die Wahrheit selbst nur verletzen und keinen Nutzen bringen würde, besser sein, wenn man vorläufig erst einmal schweigt.

Stellen Sie sich zum Beispiel einen Mönch vor, der von hundert Leuten, die gerade ein Tier jagen, gefragt wird, ob er es gesehen hat. Wenn er es gesehen hat, was soll er dann tun? Als Mönch muß er generell die Wahrheit sagen. Wenn er in dieser Situation aber die Wahrheit sagen würde, würden die hundert Leute das Tier finden und es töten. Unter solchen Umständen ist es also besser, die Wahrheit nicht zu sagen.

DANIEL GOLEMAN: Wie soll man sich zum Beispiel verhalten, wenn man für eine Firma arbeitet, die Menschen betrügt oder Atomwaffen herstellt?

DALAI LAMA: Wenn Sie angesichts einer Ungerechtigkeit aus Eigeninteresse schweigen – etwa weil Sie denken: »Was wird mir geschehen? Vielleicht mag man mich dann nicht mehr« –, dann ist das falsch. Aber wenn es Ihnen primär um die anderen geht und Sie der Ansicht sind, daß es in der gegebenen Situation nicht gut wäre, etwas zu sagen, dann kann es angebracht sein zu schweigen.

DANIEL GOLEMAN: Wie ist es aber im Falle einer gesellschaftlichen Ungerechtigkeit? Wir sind nicht unmittelbar davon betroffen, aber wir sehen sie. Ist es unsere Pflicht, aus Gründen des Mitgefühls etwas zu sagen? Viele von uns kümmern sich nicht darum. Es gäbe so vieles, wofür man sich einsetzen könnte, aber es scheint nicht viel mit unserem täglichen Leben zu tun zu haben, folglich ignorieren wir es einfach.

DALAI LAMA: Das ist ein Mangel an Verantwortung. Es ist völlig falsch. Wir müssen diese Art von Einstellung ändern. Deshalb rede ich ja stets von einem universalen Verantwortungsgefühl. Selbst wenn jemand anderes sagt: »Das ist eine interne Angelegenheit« oder »Dies geht Sie nichts an«, müssen wir uns trotzdem zu Wort melden.

DANIEL GOLEMAN: Und wenn es die eigene Regierung ist?

DALAI LAMA: Natürlich müssen Sie Ihre Meinung sagen. Besonders in diesem demokratischen Land; das ist doch der Grundsatz, oder? Sagen Sie Ihre Meinung.

DANIEL GOLEMAN: Das sehe ich auch so.

DALAI LAMA: Ich habe eine Reihe von Schilderungen gehört, nach denen es in diesem Land zu Morden innerhalb von Familien kommt: Manchmal wird ein Ehepartner umgebracht, manchmal ein Elternteil oder ein Kind, einfach erschossen – die Eltern erschießen Kinder oder umgekehrt. Wie erklären Sie dies? Was sind die wirklichen Ursachen? Zunächst einmal möchte ich wissen: Gehört das zur Realität? Oder ist es auf die Massenmedien zurückzuführen, daß wir diese negativen Dinge so oft zu sehen bekommen? Ist es also nur so, daß diese Dinge häufiger publiziert werden, oder liegt die Mordrate in Wirklichkeit höher?

DANIEL GOLEMAN: Ich glaube, die Quote derartiger Vorkommnisse liegt in Amerika höher als in anderen Teilen der Erde. In vielen Familien hier gibt es Schußwaffen. Dadurch kann eine Auseinandersetzung leicht zum Mord eskalieren. In manchen Städten gelten bis zur Hälfte aller Polizeieinsätze der Schlichtung von familiären Auseinandersetzungen, die manchmal zum Mord führen. Die Frage lautet: Warum?

DALAI LAMA: Ist es nur so, weil sie Waffen haben?

STEPHEN LEVINE: Es scheint hier auch mehr Fälle von Kindesmißbrauch zu geben. Ich habe mit vielen Menschen gesprochen, die seit langer Zeit in diesem Bereich tätig sind und viele intime Geschichten gehört haben. Elisabeth Kübler-Ross zum Beispiel sagt, daß sexueller Mißbrauch und Gewalttätigkeiten in diesem Land deutlich zunehmen.

Wie Ihr bereits sagtet: Es ist etwas Wunderbares, wenn wir auch nur einen Freund haben. Wenn uns jemand liebt, kann es uns gelingen, die Liebe in uns selbst zu wecken. Mit dem zunehmenden Zerfall der Familien in diesem Land haben wir uns aber immer weiter vom emotionalen Rahmen entfernt, in dem sich Kinder sicher fühlen. Ich glaube, es herrscht eine ungeheure Einsamkeit, die wir nicht ertragen können. Wir fühlen uns so weit von uns selbst entfernt, so weit von allem, was Liebe ist. Wenn Menschen sich ungeliebt vorkommen, dann sehen sie alle anderen als Objekte. Sie betrachten sogar sich selbst als ein fremdartiges Ding, als etwas »Anderes«, das keinen besonderen Wert hat. Ich glaube, sie haben jedes Gefühl für ihre eigene Würde verloren. Sie haben sogar den Glauben verloren, daß es so etwas überhaupt gibt. Sie glauben nicht daran. Sie glauben, daß es keine Befreiung gibt.

DALAI LAMA: Wie erklären Sie sich das?

STEPHEN LEVINE: Wir fühlen uns so abgetrennt, so außerstande, den Schmerz in uns selbst wahrzunehmen, daß wir anderen Schmerzen zufügen, sie verletzen. Es scheint in der Welt mehr Gewalt, Haß und Angst zu geben als je zuvor, und so ist es leichter, gewalttätig zu sein. Es wird mehr Gewalt zugelassen, und es gibt weniger Gründe, nicht gewalttätig zu sein. Auch in uns gibt es weniger, was diese

Gewalt verhindern würde. Das Herz ist dem Durcheinander im Kopf nicht gewachsen. Es herrscht ein Ungleichgewicht.

DALAI LAMA: Was ist die Ursache für den Mißbrauch von Kindern? Warum nimmt er zu?

DANIEL BROWN: Die Antwort ist sehr kompliziert. Es gibt viele Faktoren. Einer ist der Zusammenbruch von Familien und Gemeinschaften. Da sich die Menschen isolierter fühlen, tendieren sie dazu, andere auf eine weniger persönliche, weniger menschliche Weise zu behandeln.

Ein zweiter Faktor ist der Einfluß gesellschaftlicher Rollenbilder: Wir sehen viele Beispiele von Gewalt. Studien, in denen Kinder zusahen, wie Erwachsene immer wieder auf eine aufblasbare Plastikpuppe einschlugen, zeigten, daß diese Kinder anschließend beim Spielen spontan andere schlugen. Die Erwachsenen fungieren als Vorbilder für dieses Verhalten. Viele Menschen sind der Ansicht, daß die Herausstellung von Gewalt im Fernsehen und im Kino mit zu diesen gesellschaftlichen Rollenbildern beiträgt.

Ein dritter Faktor ist der leichte Zugriff zu Waffen und anderen Instrumenten der Gewalt. Ein vierter Faktor hat etwas mit den Bewußtseinszuständen zu tun. Wenn es bei einer häuslichen Auseinandersetzung soweit kommt, daß jemand den Ehepartner oder ein Kind verletzt oder umbringt, dann geschieht dies, weil er sich in einem veränderten, anderen Bewußtseinszustand befindet. Ein solcher Bewußtseinszustand kann durch Alkohol oder Drogen wie Kokain ausgelöst werden. Manchmal wird er durch eine gesteigerte emotionale Intensität hervorgerufen. Ein Mensch kann einen so starken Wutanfall bekommen, daß er den Ehepartner nicht mehr als Person wahrnimmt. Die

Wut gewinnt die Oberhand. In einem solchen Zustand kann jemand Dinge tun, an die er sich später im normalen Bewußtseinszustand manchmal gar nicht mehr erinnert, und wenn ja, dann mit Schuldgefühlen oder auch ohne Schuldgefühle. Während des Anfalls verliert man die Kontrolle über sich selbst.

Manche Menschen beschreiben diesen Zustand als intensive Panik und Rage, als einen Zustand, in dem sie jegliche Kontrolle über sich verlieren und sich selbst oder andere nicht mehr wahrnehmen. Andere wieder beschreiben ihn mit Bildern eines starken, dominierenden Selbst, das ein schwaches, unterwürfiges Selbst unter Druck setzt. Treten derartige Gefühle und Zustände innerhalb enger Beziehungen auf, dann ist die damit verbundene Intensität und Kraft noch größer.

DANIEL GOLEMAN: Ein weiterer wichtiger Faktor ist sozialer und wirtschaftlicher Natur. Im Lauf der letzten zwanzig Jahre sind die Reichen in diesem Land viel reicher geworden, während die Armen viel ärmer geworden sind. Es gibt inzwischen weit mehr Familien, die aus einer unverheirateten Mutter mit mehreren Kindern bestehen und über kein anderes Einkommen verfügen als die Zuschüsse der Regierung, die jedoch nicht ausreichen. Viele Menschen in den Vereinigten Staaten leben am Rande der Verzweiflung. Ihr Leben ist so schwer, daß sie leicht aus der Bahn geworfen werden können.

JEAN SHINODA BOLEN: Was wir wirklich beobachten ist, daß gewalttätige Männer Frauen und Kindern Gewalt antun. Natürlich sind ab und zu auch Frauen beteiligt, aber meistens lautet die Frage: »Warum tun Männer das?«

Studien haben ergeben, daß dies mit einem Mangel an Bindungsfähigkeit oder an Mitgefühl gegenüber der eigenen Frau oder den eigenen Kindern zusammenhängt. Wie ist es nur möglich, daß sie ihr eigenes Kind oder ihre eigene Frau zusammenschlagen oder sexuell mißbrauchen können? Wie können sie so etwas nur tun?

Es scheint, daß Männer in unserer Kultur einsamer, wütender und isolierter sind als Frauen. Etwas an der Art, wie wir Jungen zu Männern heranziehen, ist sehr traurig.

Außerdem können sich Liebe und Mitgefühl in vielen amerikanischen Familien wegen der Erlebnisse und Erfahrungen der vorigen Generation nicht entfalten. Was einem selbst angetan wurde, fügt man der nächsten Generation wieder zu. Der Mann, der seine Kinder brutal behandelt, war wahrscheinlich selbst das Opfer einer solchen Behandlung. Wie können wir das ändern? Wie können wir bewirken, daß sich statt Wut Liebe entfaltet?

Es gibt allerdings auch Anzeichen dafür, daß sich etwas ändert. Väter sind nun häufig im Kreißsaal dabei, wenn ihre Kinder geboren werden. Das weckt den Vaterinstinkt, wodurch ein Gefühl mit dem Kind entsteht. Wenn sie eine Bindung zu ihrem Kind entwickelt haben, würden sie nicht im Traum daran denken, es zu mißbrauchen, wenn es einmal drei, vier oder sechs Jahre alt ist.

DALAI LAMA: Glauben Sie, daß es irgendwelche erblich bedingten Einflüsse gibt, rein physische? Es ist offensichtlich, daß der gesundheitliche Zustand den Körper beeinflußt, der sich wiederum auf die gesamte Persönlichkeit auswirkt. Aber glauben Sie, daß es auch eine Veranlagung gibt, etwas, das durch die Gene von den Eltern auf die Kinder übertragen wird?

DANIEL GOLEMAN: Eure Heiligkeit, es weist alles darauf hin, daß es sich hier eher um gesellschaftliche Einflüsse handelt als um biologische.

Jean hat erwähnt, daß viele Erwachsene, die als Kinder geschlagen wurden, sich zu Eltern entwickeln, die ihrerseits ihre Kinder schlagen. Eine wichtige Frage lautet: Warum werden aus manchen dieser mißhandelten Kinder Eltern, die ihre Kinder schlagen, und aus den anderen nicht?

Man hat festgestellt, daß der wichtigste Faktor, der einen Unterschied bewirkt, darin besteht, ob das geschlagene Kind sich von irgendeiner Person in seinem Leben geliebt gefühlt hat, vielleicht von einem Verwandten oder gar von einem Nachbarn. Diese Kinder werden ihrerseits nicht wieder zu gewalttätigen Erwachsenen.

JEAN SHINODA BOLEN: Ich bin nicht ganz mit Dan einverstanden. Ich war sehr von Menschen, mit denen ich gearbeitet habe, beeindruckt, die sehr schwer mißhandelt worden waren, und ich habe mich gefragt, warum sie nicht ihrerseits zu Gewalttätern wurden. Unter ihnen waren mehr Frauen als Männer. Es scheint, daß Frauen oder Mädchen sich weniger mit dem Elternteil, der sie schlägt, identifizieren. Es scheint auch, daß darunter einige »alte Seelen« sind, die eine engere Beziehung zu einem Archetyp oder einem Bedeutungsmuster in sich haben. Auch wenn sie als Kinder mißhandelt werden, ahnen sie, daß sie es nicht verdienen.

DALAI LAMA: Bitte mißverstehen Sie das Konzept des Karma nicht. Im Westen scheint die Tendenz zu bestehen, daß man sagt: »Das ist mein Karma«, und dann in eine apathische oder fatalistische Haltung verfällt. Darum geht es nicht. Wir können sagen: »Das ist Karma«, aber wessen Karma ist es? Wenn es etwas ist, das Sie erleben, dann haben Sie selbst es verursacht.

Wer erzeugt Ihr Karma? Sie selbst erzeugen Ihr Karma. Aber wenn Sie einmal eine Missetat begangen haben, dann können Sie immer etwas dagegen tun. Einsicht in das Karma führt nicht zur Apathie, sondern zu größerer Kraft.

JEAN SHINODA BOLEN: So gesehen könnte man sagen, daß ein Therapeut jemand ist, der einem Menschen hilft, mit seinem schlechten Karma fertigzuwerden.

DALAI LAMA: Das ist wahr.

DANIEL BROWN: In letzter Zeit hat man Versuche gemacht, Maßnahmen zur Reduzierung von häuslichen Gewalttaten und Mißhandlungen zu ergreifen. Wenn ein Arzt oder sonst jemand in einem Ort den Verdacht hat, daß es in irgendwelchen Familien zu Kindesmißhandlungen oder zu sexuellem Mißbrauch kommt, ist derjenige gesetzlich verpflichtet, dies einem Kinderschutzamt zu melden, das dann der Sache nachgehen muß, um zu prüfen, ob die Beschwerde begründet ist oder nicht.

Das System ist noch lange nicht perfekt. Wenn jemand vom Kinderschutzamt die Familie aufsucht und das Geheimnis der Mißhandlung oder des Mißbrauchs aufdeckt, dann wirkt sich dies auf die ganze Familie, nicht nur auf den Täter, sehr negativ aus. Meist wird die Schuld dann dem Kind angelastet, das sich erneut traumatisiert fühlt. Kommt der Fall vor die örtliche Staatsanwaltschaft und erhebt diese Anklage, dann kann der Übeltäter vor Gericht kommen und möglicherweise auch im Gefängnis landen. Das wirkt sich wiederum nachteilig auf die Familie aus und bedroht manchmal die finanzielle Stabilität oder die Familienstruktur.

Trotzdem hat diese Vorgehensweise einen Wert, da sie eine sehr isolierte, gewalttätige Familie zum Kontakt mit dem Rest der Gesellschaft zwingt. Sie wird gezwungen, ein Teil der Gemeinschaft zu werden und einige der gesellschaftlichen Regeln und Normen zu beachten.

DALAI LAMA: Die ganze Diskussion hier im Westen scheint sehr handlungsorientiert zu sein. Wenn es eine Mißhandlung gibt, bekämpft man die Mißhandlung. Wenn es eine Gesetzesübertretung gibt, bekämpft man die Gesetzesübertretung.

Aber gibt es auch eine Analyse der Ursachen und den Versuch, den Dingen wirklich auf den Grund zu gehen? Die »Erste Edle Wahrheit« im Buddhismus lautet beispielsweise, daß es Leiden gibt. Wir sagen aber nicht bloß: »Wir mögen das Leiden nicht.« Wir suchen nach den Ursachen für das Leiden. Dahin gehen unsere wirklichen Bemühungen. Gibt es hier im Westen etwas Vergleichbares?

DANIEL BROWN: Das ist kompliziert. Es gibt Ursachen auf vielen verschiedenen Ebenen, und je nach Situation können einige dieser Ursachen wichtiger sein als andere.

DALAI LAMA: Betrachten wir einmal die Situation der Massenmedien. Im Fernsehen etwa sieht man täglich sehr viele Darstellungen von Sex und Gewalt. Ich bezweifle, daß die Menschen, die diese Programme produzieren, der Gesellschaft wirklich schaden wollen. Sie streben lediglich nach

finanziellem Gewinn. Da setzen sie ihre Priorität. Ihr
Verantwortungsgefühl gegenüber der Gesellschaft scheint
nicht sehr ausgeprägt zu sein. Andererseits scheint das
Publikum die Erregung, die derartige Sendungen bei ihm
hervorrufen, zu mögen. Also ist das Fernsehpublikum mit-
verantwortlich. Was kann man tun, wenn diese beiden Einflüsse vorhanden sind?

DANIEL GOLEMAN: Eure Heiligkeit, ich glaube, es ist sehr
wichtig, daß Ihr darauf hinweist, daß die Öffentlichkeit
einen großen Appetit auf Sex und Gewalt hat und daß die
Menschen, die solche Programme produzieren, diesen Appetit befriedigen. Sie bieten den Zuschauern, wonach diese
verlangen. Da anscheinend so viele Menschen so etwas wollen, besteht eine Nachfrage. Und da die Menschen profit-
orientiert sind, entsprechen sie ihr. Ob sie eine Art Selbst-
kontrolle ausüben sollten, ob sie mehr Verantwortung
zeigen sollten – als Industriezweig, meine ich –, das ist
meiner Meinung nach eine wichtige Frage.

DALAI LAMA: Oder ob sie wenigstens Selbstbeschränkung
üben sollten.

DANIEL GOLEMAN: Ja, oder ob sie wenigstens Selbstbeschränkung üben sollten. Vielleicht können sie in ihren
Programmen etwas weniger Sex und Gewalt zeigen.
    Der erste Zusatzartikel zur amerikanischen Verfassung
schützt die Freiheit des Ausdrucks. In unserer Gesellschaft
besteht das Problem, ein Gleichgewicht zwischen der Freiheit der Menschen, das zu sagen, was sie sagen wollen, und
das zu zeigen, was sie zeigen wollen, und das anzuschauen,
was sie anschauen wollen einerseits und den gesellschaft-

lichen und psychologischen Auswirkungen andererseits herzustellen. Wir haben noch keine passende Antwort darauf gefunden. Vielleicht könntet Ihr etwas empfehlen.

DALAI LAMA: Ich weiß es nicht. Deshalb habe ich diese Frage ja gestellt. Es ist sehr nützlich, neue Ideen, neues Wissen zu bekommen. Wenn wir über diese Dinge sprechen und sie in unseren Gedanken bewegen und darüber schlafen, dann können wir später, wenn wir uns bei einer ähnlichen Gelegenheit treffen, neue Ideen vorbringen. Aber wie gesagt, jeder Mensch trägt die Verantwortung, etwas gegen diese negativen Dinge zu tun.

JEAN SHINODA BOLEN: Wir könnten beispielsweise eine Kampagne in den Medien starten, um die Nützlichkeit des Mitgefühls für den Abbau familiärer Gewalt oder für die Senkung des Blutdrucks zur Verbesserung der Gesundheit aufzuzeigen.

DALAI LAMA: Ja. Darauf verweise ich auch immer. Wenn man glücklich ist, wird man auch körperlich gesünder, und jeder möchte doch körperlich gesünder sein. Es kann also nur nutzen, wenn man glücklicher ist. Glücklichsein ist eine der besten Methoden, um gesund zu werden und es auch zu bleiben. Da stimme ich Ihnen zu. Was Sie sagen, ist richtig.

JEAN SHINODA BOLEN: Es wäre wichtig, Beispiele dafür zu finden. Ihr wurdet gefragt: »Wie bewahrt Ihr Eure Fröhlichkeit angesichts all der schrecklichen Dinge, die in Tibet geschehen?« Dadurch, daß Ihr sie Euch bewahrt, seid Ihr, Eure Heiligkeit, ein wichtiges Vorbild für uns.

FRAGE AUS DEM PUBLIKUM: Soweit ich weiß, gibt es bei den Tibetern viel weniger Fälle von Gewalt in den Familien. Was machen Familien in Tibet anders, daß es zu so viel weniger Gewalt kommt?

DALAI LAMA: Man kann nicht sagen, daß es in Tibet nie Fälle von Gewalt in den Familien gegeben hat. Aber wenn es geschah, dann waren die Leute eher überrascht. Es ist ziemlich selten passiert. Dasselbe gilt für die Ehescheidung in Tibet. Gelegentlich ist es zwar dazu gekommen, aber es erregte immer Aufsehen. Das heißt, daß es etwas Ungewöhnliches war.

Die Situation der Beziehungen innerhalb der Familie war im traditionellen Asien wahrscheinlich besser, als dies heutzutage im Westen der Fall ist. Man hat damals der Großfamilie, den familiären Bindungen und der Harmonie in der Familie einen sehr großen Wert beigemessen. Unter dem Ansturm der Einflüsse aus dem Westen hat diese Bindung an die Großfamilie in Asien allmählich abgenommen, und es ist inzwischen häufiger geworden, daß Menschen in Kleinfamilien leben. Traditionsbewußte Asiaten sind der Ansicht, daß dadurch sehr viel verlorengegangen ist. Gerechterweise muß ich hinzufügen, daß ich einmal einen Herrn aus Indien kennengelernt habe, der mir erklärte, daß seine Familie aus zweihundert Personen bestand. Das, glaube ich, sind zu viele.

FRAGE AUS DEM PUBLIKUM: Eure Heiligkeit, haben wir die Pflicht, uns jemandem, der uns etwas antut, mutig entgegenzustellen, oder sollten wir ihm unser Mitgefühl zeigen und ihm verzeihen?

DALAI LAMA: Toleranz und Geduld sollten nicht als Zeichen der Schwäche interpretiert werden. Sie sind Zeichen der Stärke. Toleranz und Geduld beinhalten aber nicht, daß man alles, was geschieht, hinnimmt. Toleranz heißt, daß man keine Wut, keinen Haß entwickelt. Wenn es aber tatsächlich dazu kommt, daß uns jemand etwas antut, und wir lassen uns das gefallen, dann könnte uns diese Person noch mehr ausnutzen, was weitere negative Folgen haben könnte.

Wir müssen die Situation also analysieren. Erfordert sie Gegenmaßnahmen, dann können wir diese zielgerichtet und ohne Wut ergreifen. Wir werden sogar feststellen, daß diese Maßnahme noch zielgerichteter ist, wenn sie nicht durch Wut motiviert ist. Wenn wir die Situation in aller Ruhe und sehr eingehend analysieren, ohne wütend zu sein, und dann handeln, haben wir eine viel größere Chance, direkt ins Schwarze zu treffen.

FRAGE AUS DEM PUBLIKUM: Eure Heiligkeit, könntet Ihr etwas über eine Situation sagen, in der eine Person einer anderen etwas antut, aber nicht absichtlich, sondern aufgrund ihrer eigenen Unzulänglichkeiten? Ist diese Person ein Feind? Was tun wir mit dem Gefühl des Verletztseins?

DALAI LAMA: Zuerst sollten Sie erkennen, daß jene Person kein Feind ist. Hat Ihnen diese Person etwas angetan, ohne es zu wollen, und fühlen Sie sich verletzt, dann ist es wichtig, daß Sie sich in Erinnerung rufen, daß es unbeabsichtigt war. Wenn Sie trotzdem noch böse auf den anderen sind, dann sollten Sie einsehen, daß dies eine Fehlreaktion ist.

Es kann aber vorkommen, daß jemand etwas mit einer Grundhaltung tut, die anderen schaden kann, ohne daß er

sich jedoch speziell Sie zum Ziel auserkoren hat. Auf diese
Weise kann es passieren, daß sie unbeabsichtigt in Mitlei-
denschaft gezogen werden, wenn die Handlung ausgeführt
wird. In einem solchen Fall würde man sagen, daß die
betreffende Person durchaus die Absicht hatte, andere zu
verletzen.

Doch noch einmal zu der Frage über jenen Menschen,
der Ihnen aufgrund seiner eigenen Unzulänglichkeiten
schadet: Sie müssen sich einfach sagen, daß es nicht die
Schuld des anderen war, daß der andere nicht imstande
war, es besser zu machen. Manche Menschen regen sich so
sehr über sich selbst auf, daß sie sich selbst auf den Kopf
schlagen. Es hat nicht viel Sinn, in Wut zu geraten. Das ist
kein sonderlich vernünftiger Bewußtseinszustand. Davon
bekommt man höchstens Kopfschmerzen!

FRAGE AUS DEM PUBLIKUM: Wie können wir uns gegenüber einem Feind oder einem Gegner mitfühlend zeigen?

DALAI LAMA: Indem wir unsere Perspektive erweitern. Sie
sehen ein, daß auch dieser Mensch ein Geschöpf ist, und
Sie halten sich vor Augen, daß sich alle Geschöpfe darin
gleichen, daß sie glücklich sein und nicht leiden wollen.
Diese Einsicht kann Ihnen helfen, Mitgefühl zu entwickeln.

Wenn Sie bereits Mitgefühl haben, brauchen Sie diese
Person nur in die Gruppe der Lebewesen einzureihen, für
die Sie Mitgefühl empfinden. Erstreckt sich Ihr Mitgefühl
aber noch nicht auf alle Lebewesen, dann wird es schwieriger, es gegenüber jemandem zu entwickeln, der als Ihr
Feind aufgetreten ist.

Wenn Sie also nicht ein Mitgefühl für alle Lebewesen
empfinden und Sie sich nun einfach nur auf diese eine

Person konzentrieren, die Ihr Feind ist, und ihr gegenüber Mitgefühl empfinden wollen, so ist das sehr schwierig. Vielleicht sind Sie imstande, »Mitgefühl« zu sagen, aber viel mehr werden Sie nicht tun können.

MARGARET BRENMAN-GIBSON: Eure Heiligkeit, Ihr habt vorhin gesagt, man müsse sich selbst klar darüber werden, in welchem Umfeld man lebt und wo und wie man sich engagieren kann – etwa in der Familie, in der Gesellschaft oder für den Planeten. Diese Selbstbefragung setzt aber ein hohes Maß an Wahrnehmungsfähigkeit in allen Lebensbereichen voraus, nicht? Ihr habt uns gebeten, Beispiele – bedeutsame und weniger bedeutsame – für mitfühlendes Handeln zu nennen, das eine Veränderung bewirkt hat. Ich würde gern auf das Beispiel einer gewaltlosen Handlung eines einzelnen Menschen hinweisen, der als Folge einer befreienden Verwandlung seines Bewußtseins ein Stück zivilen Ungehorsams vollbracht hat, das einzigartig in der Geschichte der Menschheit ist. Sein Name ist Daniel Ellsberg.

Als begabter junger Mann stieg er, noch bevor er dreißig wurde, in die höchsten Ränge der US-Regierung auf, wo er Zugang zu vielen Staatsgeheimnissen hatte. Anfang der sechziger Jahre bat ihn Präsident Kennedy, Pläne für den Fall eines Atomkrieges auszuarbeiten. Mit dem Gefühl, in einer Position zu sein, in der er durch das Verfassen »guter Pläne« zur Verhinderung eines Atomkrieges beitragen konnte, nahm er den Auftrag an. Er hatte es sich nämlich, seit er zum erstenmal von der Atombombe gehört hatte, zur Lebensaufgabe gemacht, einen Atomkrieg zu verhindern. Aber schließlich kam er an den Punkt, an dem er sich die Frage stellte, wie viele Menschenleben auf dem Spiel stünden, falls irgend etwas anders als geplant verlaufen sollte und der Krieg nicht vermieden werden könnte. Er fragte die Generalstabschefs, ob sie über Hochrechnungen verfügten, wie viele Menschen in den ersten Monaten sterben würden, falls es zu einem Atomkrieg käme.

Man antwortete ihm völlig gelassen: »In den ersten Monaten werden es 625 Millionen sein.«

Er war sehr bestürzt darüber, daß sie eine derartige Zahl mit einer solchen Gelassenheit nennen konnten. Er fragte sich: »Wer sind diese Männer, mit denen ich zusammenarbeite? Ich trinke Bier mit ihnen. Sie sind zu ihren Frauen, zu ihren Kindern, sogar zu ihren Hunden sehr nett, und dann verkünden sie diese Art von Bereitschaft für einen totalen, generellen Atomkrieg.«

Er war so schockiert, daß er sich fragte, wie er dies der amerikanischen Öffentlichkeit enthüllen konnte. Die Sache quälte ihn sehr.

Dann kam der Vietnamkrieg. Anfangs teilte er den Glauben, daß Amerika die Vietnamesen befreien wolle. Als aber sichtbar wurde, daß nichts Derartiges geschah, beschloß er, nach Vietnam zu reisen und sich selbst vor Ort zu vergewissern, was dort tatsächlich vor sich ging.

Er flog also hin und merkte, daß es eine Katastrophe und ein höchst unmoralisches Unterfangen war. Damals sagte er: »Die Vietnamesen wurden mir so vertraut wie meine eigenen Hände.« Er meinte: »Wir sind alle gegenseitig voneinander abhängig; wir sind Teil des gesamten Planeten und der ganzen Menschheit.« Als ihm bewußt wurde, daß der Krieg beendet werden mußte, dachte er: »Wie kann ich dies der amerikanischen Öffentlichkeit klarmachen?«

Als er in die USA zurückkehrte, hörte er den Vortrag eines jungen Mannes von der Universität Harvard. Er hieß

Randy Keeler und sagte: »Ich bin auf dem Weg ins Gefängnis. Ich gehe lieber ins Gefängnis als einzurücken und meine Brüder zu töten.«

Als Daniel Ellsberg dies hörte, erlebte er eine Bewußtseinsveränderung, die er später folgendermaßen beschrieb: »In diesem Augenblick brach mein Leben entzwei. Ich ging zur Herrentoilette, setzte mich auf den Boden und weinte eine Stunde lang.« Am Ende dieser Stunde fragte er sich: »Was kann ich in meiner Position in der Regierung tun, um dem amerikanischen Volk die Wahrheit darüber zu erzählen, was wirklich vor sich geht?«

Er beschloß, den Amerikanern zu enthüllen, wie man sie anlog und wie die Bevölkerung Vietnams vernichtet wurde. »Ich werde dafür den Rest meines Lebens im Gefängnis verbringen«, dachte er und ließ die inzwischen als *Pentagon Papers* bekannt gewordenen Geheimdokumente des Pentagon in der *New York Times* veröffentlichen. Als es zum Prozeß kam, stellte sich heraus, daß er nicht einmal ins Gefängnis mußte.

Ich erzähle diese Geschichte, um zu zeigen, wie jemand im Rahmen seines eigenen Lebens einen Weg fand, die Dinge zu ändern. Indem er dem amerikanischen Volk gerade in jener Phase des Vietnamkriegs die Wahrheit offenbarte, trug er dazu bei, den Krieg zu beenden.

Die Frage, die ich nun an Eure Heiligkeit richten möchte, lautet: Wie kann jeder einzelne von uns in seinem eigenen Lebensumfeld den geeigneten Ansatzpunkt und die Kraft finden, durch Engagement und Nächstenliebe tatsächlich eine Veränderung zu bewirken? Wie kann jeder einzelne von uns eine Veränderung herbeiführen und dazu beitragen, die Nächstenliebe zu fördern, wo wir doch in einer Kultur leben, in der das öffentliche Bewußtsein von

Krieg, Gewalt, Konflikten und Konsumsucht beherrscht wird?

DALAI LAMA: In einer Krisensituation, wie wir sie heute erleben, ist es besonders wichtig, über die schädlichen Auswirkungen von Haß und Feindseligkeit nachzudenken und sich die Vorteile einer von mehr Mitgefühl geprägten Lebensweise vor Augen zu führen. Einerseits stimmt es zwar, daß dies eine Zeit der Krise ist, in der Aggression und Gewalt sehr verbreitet sind. Andererseits aber können wir auch viele hoffnungsvolle Zeichen erkennen. Selbst einflußreiche Politiker wie zum Beispiel ein Vertreter der Labour Party in Großbritannien betonen die Wichtigkeit des Mitgefühls. Es gibt möglicherweise ein zunehmendes Bewußtsein von der Bedeutung des Mitgefühls.

Hätten wir zum Beispiel in den fünfziger Jahren oder in den frühen sechziger Jahren eine Konferenz wie diese organisiert, hätten nur wenige daran teilgenommen. Heute sind wir fast eintausend. Auch das ist ein hoffnungsvolles Zeichen.

Wir können uns selbst von den Vorteilen des Mitgefühls in Form einer größeren Zufriedenheit und Heiterkeit sowie eines größeren Wohlbefindens überzeugen. Dieses wachsende Bewußtsein der Gesellschaft von der Bedeutung des Mitgefühls basiert auf der Einsicht, daß sich das Mitgefühl sehr positiv auf das eigene Leben auswirkt. Es ist sehr wichtig, daß man versucht, dieses Bewußtsein durch die Medien und die Erziehung zu verbreiten.

Ich habe aber eine weitere Frage. Menschliche Wesen sind im allgemeinen intelligenter als andere Säugetiere, aber wir haben auch viel mehr Probleme, die mit unserer höheren Intelligenz zusammenzuhängen scheinen. Glauben Sie, daß die intelligenteren Tiere tendenziell mehr Probleme haben als die weniger intelligenten?

DANIEL BROWN: Um von dem wenigen, das ich aus Studien über Delphine und Wale weiß, zu schließen, scheinen sie eine fürsorglichere Haltung gegenüber ihrer Gemeinschaft und ihren Artgenossen zu haben als wir. Menschen haben eine besonders stark aufgefaltete und damit ausgeprägte Großhirnrinde, wo die Gedächtnis- und Intelligenzleistung lokalisiert wird. Vielleicht soll das ein Hinweis darauf sein, daß wir unsere Gedanken beruhigen müssen, um uns selbst und anderen nicht so viele Schwierigkeiten zu bereiten.

DANIEL GOLEMAN: Wenn die Großhirnrinde von Verlangen oder Wut gesteuert wird, können die Menschen großen Schaden anrichten.

DALAI LAMA: Was ich auch beobachtet habe, ist zum Beispiel, daß bestimmte Ameisen, um überleben zu können, zusammenarbeiten müssen. Sie haben ein sehr ausgeprägtes Verantwortungsgefühl. Sie haben keine Religion, kein Mitgefühl und keine Erziehung, trotzdem aber haben sie ein starkes Verantwortungsgefühl. Der Mensch ist doch im Grunde genommen ein Gesellschaftstier. Wir müssen zusammenleben. Ohne die anderen können wir nicht überleben. Und trotzdem kämpfen wir ständig gegeneinander. Es fällt uns ausgesprochen schwer, jene Art von Verantwortungsgefühl zu entwickeln. Warum ist das so?

MARGARET BRENMAN-GIBSON: Der Mensch hat ein viel breiteres Spektrum von Seinsmöglichkeiten. Wir haben mehr Wahlmöglichkeiten. Obwohl es auch Kampfameisen gibt, ist die Programmierung der Ameisen, die in Ameisenkolonien leben, in denen das Überleben von kooperativer Teamarbeit abhängt, weit beschränkter. Sie haben einfach nicht so viele Möglichkeiten. Beim Menschen aber ist dies durch die hochentwickelte Großhirnrinde anders.

DALAI LAMA: Die Intelligenz bewirkt also einen großen Unterschied.

MARGARET BRENMAN-GIBSON: Ja, genau.

JACK ENGLER: Ich glaube, es gibt auch noch einen anderen Grund. Durch seinen ausgeprägten Kortex hat der Mensch die Fähigkeit, sich eine Zukunft vorzustellen und sich vorzustellen, das zu erhalten, was er noch nicht hat. Wir haben außerdem die Fähigkeit, uns an die Vergangenheit zu erinnern, was gewisse Vorteile mit sich bringt. Wir haben aber auch das Potential, zutiefst frustriert zu sein, wenn wir nicht bekommen, was wir wollen. Zu wissen, was andere haben und wir nicht, kann ebenfalls frustrierend sein. Das ist ein Teil des Risikos, den diese gesteigerte Fähigkeit mit sich bringt.

MARGARET BRENMAN-GIBSON: Eigentlich Gier, Konkurrenzdenken und Krieg.

FRAGE AUS DEM PUBLIKUM: Ich finde es manchmal ausgesprochen schwierig, in einer so haßerfüllten Gesellschaft zu leben. Ich denke oft an die Abgeschiedenheit des Todes. Ich würde gerne Eure Gedanken dazu hören, Eure Heiligkeit.

DALAI LAMA: Wir haben eigentlich keine hundertprozentige Sicherheit, daß wir nach unserem Tod die Ruhe und Zufriedenheit finden werden, nach denen wir uns sehnen. Solange wir als Menschen am Leben sind, können wir etwas dafür tun. Darum glaube ich, daß dies das Wichtigste ist, was wir tun können: als Menschen zu leben. Es wäre ein großer Fehler, dieses ganze Leben, diese ganze Existenz einfach als sinnlos und vergeblich abzutun und an Selbstmord zu denken.

Sehen Sie, wir haben ein wunderbares menschliches Gehirn und ein wunderbares menschliches Herz. Wenn wir diese beiden verbinden, können wir, glaube ich, jedes Problem lösen. Ich denke, wir brauchen nur ein bißchen mehr Geduld und Entschlossenheit. Haben Sie also keine Angst! Es ist sinnlos, sich in dumme Ängste hineinzusteigern.

FRAGE AUS DEM PUBLIKUM: Eure Heiligkeit, in unserer westlichen Gesellschaft wird der Erfolg an äußerlichen Errungenschaften gemessen, etwa daran, wieviel die Leute verdienen, welche Position sie haben, ob sie eine leitende Stellung innehaben und so weiter. Welche Maßstäbe für den Erfolg gibt es in der tibetischen Gesellschaft?

DALAI LAMA: Was das weltliche Leben betrifft, so sind die Vorstellungen über den Erfolg in Tibet ungefähr die gleichen wie hier. Aber für diejenigen, die sich mehr zum spirituellen Leben hingezogen fühlen, sind es die innere Verwirklichung und die Qualität des Bewußtseins, die den Erfolg ausmachen.

JEAN SHINODA BOLEN: Eure Heiligkeit, in weiten Teilen der Welt werden Frauen als geringerwertige Wesen behan-

delt, über die die Männer die Macht haben. Das führt
zu vielen Formen der Unterdrückung, die von einer man-
gelnden oder fehlenden Ausbildung und schlechteren Ar-
beitsbedingungen bis hin zu körperlichem und sexuellem
Mißbrauch reichen. Welche Einstellung hat ein tibetischer
Buddhist gegenüber Frauen? Gelten Männer im tibetischen
Buddhismus als spirituell höherstehend als die Frauen, und
was sind die grundlegenden Unterschiede zwischen den beiden Geschlechtern? Und noch eine Frage: Könnt Ihr Euch,
Eure Heiligkeit, an vergangene Leben als Frau erinnern?

DALAI LAMA: Nicht nur, daß ich mich nicht an Erlebnisse
in meinen früheren Leben erinnern kann, manchmal kann
ich mich nicht einmal daran erinnern, was ich am Tag zuvor
gemacht habe. Wissen Sie, als Buddhist akzeptiere ich die
Theorie der Wiedergeburt und glaube an sie. Es besteht also
kein Zweifel, daß ich in meinen früheren Leben auch viele
Leben als Frau gelebt habe. Auch was meine zukünftigen
Leben betrifft, so ist es nicht sicher, ob ich mit einem weib-
lichen oder einem männlichen oder mit irgendeinem anderen Körper wiedergeboren werde. Ich weiß es nicht. Das
Wichtigste im Buddhismus ist, andere nicht zu diskrimini-
eren. Das höchste Ziel ist für Männer und Frauen dasselbe.
Hinsichtlich der Fähigkeit, das Nirwana oder die Buddhaschaft zu erlangen, gibt es keine Unterschiede.

In der *Vinaya* aber, den Regeln und Verordnungen für
das klösterliche Leben, heißt es, daß ein vollordinierter
Mönch einen höheren Rang als eine vollordinierte Nonne
einnimmt. Im *Sutrayana* und in den Lehren der unteren
Tantraklassen heißt es, daß man in dem Augenblick, in dem
man die volle Erleuchtung der Buddhaschaft erlangt, ein
Mann sein muß. Denselben Lehren zufolge gibt es letzten

Endes aber doch keinen Unterschied. Aus der Perspektive der höchsten Dimension der buddhistischen Praxis, dem Höchsten Yoga-Tantra etwa, gibt es keinen Unterschied. Selbst im letzten Leben, in welchem man die Buddhaschaft erlangt, spielt es keine Rolle, ob man ein Mann oder eine Frau ist. In diesem System wird mehr Sorge für die Frauen als für die Männer getragen. So gibt es zum Beispiel im Rahmen dieser Höchsten Yoga-Tantra-Praxis eine Reihe von Kardinal-Verfehlungen. Etwa wenn Männer Frauen herablassend oder schlecht behandeln. Wenn ein Mann das tut, dann ist das verheerend für ihn. Es ist keine vergleichbare Verfehlung, wenn eine Frau einen Mann herablassend behandelt. Wir Männer beneiden sie darum.

In der tibetischen Gesellschaft selbst gibt es keine besonderen Unterschiede im Status oder in der Position zwischen Frauen und Männern. In Tibet wußten wir nicht einmal, daß es diese Art von Diskriminierung gibt, bis wir sie später in Indien und China sahen.

JEAN SHINODA BOLEN: Könntet Ihr Euch vorstellen, jemals als weiblicher Dalai Lama wiedergeboren zu werden?

DALAI LAMA: Natürlich, das ist möglich. Es gibt viele weibliche Reinkarnationen von Lamas, spirituellen Führern. Eine ist ein berühmter Lama und genießt sehr hohes Ansehen. Was die Lamas, die spirituellen Lehrer, betrifft, so gibt es in der tibetischen Tradition keinen großen Unterschied zwischen Männern und Frauen. Was zählt, ist, ob ihre Übungen gut sind, ob sie eine hohe Stufe der inneren Verwirklichung erlangt haben. Wenn ja, dann hat man zwangsläufig Schüler und wird zum Lama.

Es gibt im Buddhismus auch eine echte feministische

Bewegung, die sich auf die Göttin Tara bezieht. Während sie Bodhicitta, die Motivation eines Bodhisattva, entwickelte, betrachtete sie die Lage derer, die die volle Erleuchtung anstreben, und sie fand, daß es unter den Menschen, die die Buddhaschaft erlangten, zu wenige Frauen gab. So legte sie folgendes Gelübde ab: »Ich habe Bodhicitta als Frau entwickelt. Ich gelobe, in allen Leben auf dem Pfad als Frau geboren zu werden, und auch in meinem letzten Leben, in dem ich die Buddhaschaft erlange, eine Frau zu sein.« Das ist echter Feminismus.

FRAGE AUS DEM PUBLIKUM: Wie können wir dazu beitragen, das Leid auf der Erde zu verringern? Wie können wir unsere Liebe und unseren Einsatz für alles Leben auf Erden stärker werden lassen?

DALAI LAMA: Dieser Planet ist unser Zuhause. Uns um die Erde, unseren Planeten, zu kümmern heißt, uns um unser eigenes Zuhause zu kümmern. Und wir müssen uns um unser Zuhause kümmern. Unser Leben hängt von dieser Erde, von unserer Umwelt ab.

In einem gewissen Sinne ist die Erde unsere Mutter. Sie ist so gütig, denn sie nimmt hin, was immer wir tun wollen. Unsere Zerstörungskraft aber hat so zugenommen, daß Mutter Erde gezwungen ist, uns zu sagen, daß wir aufpassen müssen. Die Bevölkerungsexplosion und viele andere Anzeichen machen dies deutlich. Die Natur hat ihre eigenen natürlichen Grenzen.

Eine andere Möglichkeit, sich mit dieser Frage auseinanderzusetzen, besteht in der Erkenntnis, daß ebenso wie sich unser Körper aus verschiedenen Elementen zusammensetzt, auch der Planet selbst aus verschiedenen Ele-

menten zusammengesetzt ist. Es gibt ganz einfach Natur-
gesetze. Wenn wir dagegen verstoßen wollen, werden wir
damit keinen Erfolg haben, ganz gleich, wie weit wir uns
entwickeln und was wir auch anstellen mögen.

FRAGE AUS DEM PUBLIKUM: Wird die Menschheit imstande sein, die Schönheit des Planeten zu bewahren, bevor
er zugrunde geht?

DALAI LAMA: Ich denke schon. Ich bin immer optimistisch. Ich glaube, daß es noch nicht zu spät ist. Zu Beginn
und selbst gegen Mitte dieses Jahrhunderts haben sich nur
die wenigsten Menschen Sorgen um unsere natürliche Umwelt gemacht. Heutzutage gibt es sogar politische Parteien,
die den Umweltschutz zum Grundbestandteil ihres Selbstverständnisses gemacht haben. Das ist eine sehr positive
Entwicklung, deshalb bin ich sehr optimistisch.

DANIEL GOLEMAN: Eure Heiligkeit, mit unserer modernen Technologie und der Art, wie wir leben – den Dingen,
die wir tagtäglich benutzen, den Dingen, die wir kaufen,
den Dingen, die wir wegwerfen – wenn man das alles mil-
liardenfach multipliziert, dann haben bereits geringfügige
Handlungen erhebliche Auswirkungen auf den Planeten.
Spielt nicht auch die Achtsamkeit eine Rolle bei unserem
Mitgefühl für den Planeten, so daß wir genauer darauf achten, welche Dinge wir aus reiner Gedankenlosigkeit kaufen? Wie kann jeder einzelne von uns dem, was wir unserer
Mutter antun, mehr Beachtung schenken?

DALAI LAMA: Durch die Achtsamkeit selbst, durch Aufmerksamkeit. Seien Sie einfach aufmerksamer! Erziehung

ist sehr wichtig und auch Verantwortungsgefühl. Vor allem
aber brauchen wir die Erziehung, damit wir wissen, worauf
wir achten müssen. Wir brauchen sie zuerst, damit uns die
Augen geöffnet werden. In unserem täglichen Leben treffen
wir dann auf Situationen, die dem entsprechen, was wir in
unserer Erziehung theoretisch gelernt haben. Das Ziel unserer Aufmerksamkeit ist folglich, daß wir solche Situationen so klar wie möglich erkennen, uns ihrer bewußt sind
und angemessen reagieren. Die Achtsamkeit geht Hand in
Hand mit der Erziehung. Aus ihr erwächst die Fürsorge für
die Umwelt. Das Potential, die Möglichkeit, ist für jeden
von uns gegeben. Selbst wenn man eine so einfache Handlung wie das Wegwerfen von Müll nimmt – wenn wir es
mit den Milliarden von Menschen multiplizieren, die dasselbe tun, kann es beträchtliche Auswirkungen haben.

Wenn man so denkt, kann jeder ein Umfeld finden, in
dem er etwas bewirken kann. Die menschliche Gemeinschaft, die Menschheit, ist nichts anderes als viele Individuen zusammengenommen. Heute morgen hat mich eine
Fernsehreporterin gefragt, ob ich mich als Friedensstifter
betrachte, und ich habe ihr geantwortet: »Nein, ich bin
bloß ein Mensch.« Der Frieden geht alle an, und jeder einzelne Mensch ist dafür verantwortlich. So gesehen ist jeder
Mensch ein Friedensstifter. Ich bemühe mich lediglich,
meinen Teil beizutragen.

Wenn Sie die Welt verändern wollen, dann versuchen
Sie zuerst, sich selbst innerlich zu verändern, sich weiterzuentwickeln. Das wird dazu beitragen, daß Sie Ihre Familie ändern. Und von da an wird der Kreis immer größer.
Alles was wir tun, hat einen gewissen Einfluß, gewisse Auswirkungen. Das ist meine Grundüberzeugung. Wohin ich
auch immer komme, ich versuche stets klarzumachen, wie

wichtig die Verantwortung jedes einzelnen ist. Wir sollten deshalb niemals das Gefühl haben: »Ich bin unwichtig. Was ich tue, zählt nicht.« Besonders in einem demokratischen Land wie diesem hat die Stimme der Öffentlichkeit ein großes Gewicht. Darüber hinaus weiß ich auch nicht, was man sonst noch tun könnte.

JEAN SHINODA BOLEN: Die westlichen technologischen Gesellschaften brauchen dringend eine spirituelle Orientierung. Kann die tibetische Weisheitstradition zu dieser spirituellen Orientierung, die wir im Augenblick benötigen, beitragen? Habt Ihr, Eure Heiligkeit, das Gefühl, daß Ihr als Sprecher einer Tradition, wie sie die Welt so dringend brauchen könnte, diesem Bedürfnis entgegenkommt?

DALAI LAMA: Ich weiß es nicht. Das läßt sich nur schwer sagen. Wenn wir den Verlauf der Geschichte betrachten, dann stellen wir fest, daß man im allgemeinen erst rückschauend, also nach dem Tode des oder der Betreffenden, feststellen kann, ob diese Person imstande war, ihre Lebensaufgabe zu erfüllen. Ich kann es also wirklich nicht sagen.

FRAGE AUS DEM PUBLIKUM: Glaubt Ihr, daß die Amerikaner und die Vereinigten Staaten als Land einen besonderen Auftrag in der Welt zu erfüllen haben? Wie können wir zur Eintracht auf der Welt und zum Weltfrieden beitragen?

DALAI LAMA: Wie jede andere Nation hat auch Amerika seine guten und seine schlechten Seiten. Das ist normal. Die USA sind eine sogenannte Supermacht. Sie sind eine Supermacht, nicht nur hinsichtlich Ihrer militärischen und wirtschaftlichen Macht, sondern vor allem in Sachen Freiheit. Ich glaube, Ihre größte Stärke besteht darin, daß Sie ein Land geschaffen haben, in dem ein echter Freiheitsraum vorhanden ist, in dem sich die kreative Natur jedes Menschen entfalten kann. Natürlich stimmt es auch, daß in Ihrem Land viel Ungleichheit herrscht. – Viele Menschen sind arm, während andere sehr reich sind. Im Grunde aber gibt es hier echte Freiheit, und außerdem ist dies eine ziemlich offene Gesellschaft. Das ist meiner Meinung nach die wirkliche Quelle Ihrer Stärke und Ihres Fortschritts.

Amerika – ich meine die weißen Siedler – ist eine junge Nation, deshalb haben Sie noch sehr wenig Kultur oder Geschichte. Das ist aber gut, denn das hilft Ihnen, eine aufgeschlossene Haltung gegenüber vielen anderen Kulturen und Religionen zu bewahren. In dieser Nation, besonders hier in Kalifornien, leben viele Kulturen und viele Menschenrassen zusammen. Wenn Sie diesen Umstand zu nutzen wissen, dann kann Ihnen das helfen, weniger Vorurteile zu haben und offener zu sein. Im allgemeinen finde ich die Amerikaner ziemlich freimütig und leicht zu verstehen. Das mag ich sehr.

Aber manchmal habe ich das Gefühl, daß im weltweiten Klima internationaler Politik die moralische Rechtschaffenheit oder die Gerechtigkeit einen sehr geringen Stellenwert besitzt, und das macht mich traurig. Wenn das so weitergeht, werden sehr viele Menschen leiden müssen. Letztendlich werden auch die Supermächte leiden. Auch wenn Amerika eine mächtige Nation ist, braucht es wirkliche Freunde, auch unter den kleinen Staaten. Wie gewinnt man Freunde? Ich glaube, daß Sie über Ihre materielle und kulturelle Stärke bestimmte moralische Prinzipien stellen und zu ihnen stehen müssen. Das wäre wunderbar.

Die gegenwärtige Entwicklung ist nicht gesund. Früher

oder später werden Sie sich ändern müssen. Es ist leichter, sich zu ändern, solange man stark ist. Wenn Sie schwächer oder kleiner werden, wird es Ihnen weit schwerer fallen, sich zu ändern. Sie werden nicht stark genug sein, sich mit den Konsequenzen abzufinden. Mächtige Nationen haben immer eine größere Chance und Fähigkeit, Ungerechtigkeiten des Systems zu beheben und die Risiken auf sich zu nehmen, die mit einer Änderung des Systems verbunden sind. Bis in die fünfziger und sechziger Jahre war Amerika eine mächtige Nation mit hohem Ansehen, ein echter Verfechter der Freiheit. In den letzten dreißig Jahren aber, so scheint mir, sind Sie in die entgegengesetzte Richtung gegangen. Das ist traurig. Aber dies ist nicht meine Sache; es ist wirklich Ihre Sache.

DANIEL BROWN: Eure Heiligkeit, welchen Rat würdet Ihr uns auf der Grundlage Eurer Kenntnisse über unsere Gesellschaft geben: an uns selbst zu arbeiten oder anderen zu helfen?

DALAI LAMA: Um anderen Leuten zu helfen, braucht man Entschlossenheit und eine positive Motivation. Von Zeit zu Zeit muß man sich regenerieren. Ich würde sagen, daß Sie sich zu fünfzig Prozent regenerieren und zu fünfzig Prozent anderen Menschen helfen sollten. Es hängt immer von den individuellen Umständen ab, aber ich selbst versuche, es so zu halten.

STEPHEN LEVINE: Eure Heiligkeit, die Art von Moral und Ethik, die für den Frieden benötigt wird, erfordert sehr viel Mut. Wie können wir einen solchen Mut entfalten, wenn der einzelne in dieser Gesellschaft für seine Nächstenliebe,

seine Fürsorglichkeit und ähnliche Formen des Engagements so wenig Ermutigung und Unterstützung erfährt?
Wie können wir den Mut Jesu entwickeln, das Richtige zu
tun, gleichgültig, was für Konsequenzen das auch haben
mag?

DALAI LAMA: Ich weiß es nicht. Wenn Sie diese Frage von
einer anderen Perspektive aus betrachten, dann werden Sie
erkennen, daß die Regierenden der Welt heutzutage sehr
großen Mut besitzen – den Mut, das Falsche zu tun.

STEPHEN LEVINE: Ist das Mut oder Unwissenheit?

DALAI LAMA: Das ist eine sehr schwierige Frage. Diese
Politiker sind nicht weise, sondern einfach schlau und gerissen. Ich glaube, daß diese Art von falscher Politik, das
heißt, eine Politik, die nicht auf Gerechtigkeit basiert, vor
allem auf Kurzsichtigkeit zurückzuführen ist. Wenn Menschen kurzsichtig sind, dann fixieren sie sich auf kurzfristige Erfolge und entfalten den Mut, Dinge zu tun, die
falsch sind.

Wenn ein vernunftbegabter Mensch gründlich nach-
denkt, wird er die Gerechtigkeit respektieren. Es gibt eine
angeborene Wertschätzung, einen angeborenen Respekt gegenüber der Gerechtigkeit in uns. An den Kindern können
wir beobachten, was der Natur des menschlichen Charak-
ters entspricht. Aber während sie heranwachsen, durchlau-
fen sie eine Reihe von Normungsprozessen und entwickeln
falsche Einstellungen. Ich habe oft das Gefühl, daß in einem kleinen Kind mehr Wahrheitsliebe steckt. Für mich ist
das ein Zeichen dafür, daß dem Menschen so etwas wie
Respekt oder Wertschätzung gegenüber der Wahrheit ange-

boren ist. Ich sehe viele Gründe, Vertrauen in den menschlichen Mut und die menschliche Natur zu haben.

STEPHEN LEVINE: Wenn diese positiven Eigenschaften nicht in Erscheinung treten, wenn wir helfen möchten, aber merken, daß wir Angst haben – wie können wir diese natürliche Güte in uns aktivieren, damit unsere Normung und unsere Ängste unsere innere Harmonie, der diese Güte entspringt, nicht zerstören?

DALAI LAMA: Ich glaube, daß die Erziehung und die Medien in diesem Zusammenhang eine bedeutende Rolle spielen können.

FRAGE AUS DEM PUBLIKUM: Eure Heiligkeit, wie begreift Ihr Eure Aufgabe gegenüber Tibet in dieser dunkelsten Zeit für Euer Land?

DALAI LAMA: Ich weiß nicht, ob ich eine spezifische Aufgabe gegenüber dem tibetischen Volk habe, aber meine Einstellung ist es immer gewesen, dem tibetischen Volk unter den gegebenen Umständen nach Kräften zu dienen. Die Lage in Tibet ist sehr traurig. Doch wie ich vorhin schon gesagt habe, birgt jede Herausforderung auch eine Chance. Die gegenwärtige Zeit gibt uns die Möglichkeit, unsere Entschlossenheit zu beweisen. Was mich betrifft, so versuche ich mein Bestes.

FRAGE AUS DEM PUBLIKUM: Habt Ihr, Eure Heiligkeit, das Gefühl, einen besonderen Auftrag zu haben – nicht nur gegenüber Tibet, sondern gegenüber dem ganzen Planeten, gegenüber der ganzen Erde?

DALAI LAMA: Ja. Ich glaube, jeder Mensch hat diesen besonderen Auftrag, und auch ich habe daher natürlich meine Verantwortung zu tragen.

FRAGE AUS DEM PUBLIKUM: Wie soll es weitergehen?

DALAI LAMA: Ich glaube, in Gruppen wie dieser zusammenzukommen und Erfahrungen auszutauschen ist eine wichtige Möglichkeit, uns weiterhin gegenseitig zu helfen.

MARGARET BRENMAN-GIBSON: Ja, Eure Heiligkeit, wir Angehörige der helfenden Berufe fühlen uns oft einsam und isoliert.

Von Zeit zu Zeit können wir große Zusammenkünfte wie diese organisieren, ich glaube aber, daß es noch wichtiger ist, daß sich gleichgesinnte Kollegen regelmäßig – vielleicht wöchentlich oder monatlich – in kleineren Gruppen treffen. Das wäre ein wunderbarer Schritt, der uns helfen könnte, für uns selbst zu sorgen, wodurch wir dann auch anderen besser helfen könnten.

DANIEL GOLEMAN: Eure Heiligkeit, habt Ihr noch irgendwelche abschließenden Gedanken oder Fragen, über die wir auf unserem Nachhauseweg nachdenken könnten?

DALAI LAMA: Ich habe nichts Besonderes anzubieten. Jedenfalls fand ich für meinen Teil diese Gespräche ausgesprochen hilfreich.

NACHWORT VON SEINER HEILIGKEIT DEM DALAI LAMA: ECHTES MITGEFÜHL

Wir sind menschliche Wesen, Gesellschaftstiere, und so ist es für uns völlig natürlich, daß wir lieben. Wir lieben sogar Tiere und Insekten, etwa die Bienen, die den Honig erzeugen. Ich bewundere das Verantwortungsgefühl der Bienen sehr. Wenn Sie einen Bienenstock beobachten, sehen Sie, daß diese kleinen Insekten von weither angeflogen kommen, sich einige Sekunden lang ausruhen, kurz nach innen krabbeln und dann schnell wieder davonfliegen. Sie sind ihrem Verantwortungsgefühl treu. Obwohl sich einzelne Bienen manchmal auch streiten, haben sie grundsätzlich einen ausgeprägten Sinn für Zusammenhalt und Zusammenarbeit. Wir Menschen sind angeblich viel weiter entwickelt, aber manchmal bleiben wir selbst hinter solchen kleinen Insekten zurück.

Als Gesellschaftstiere können wir Menschen nicht allein überleben. Wenn wir von Natur aus Einzelgänger wären, würde es keine Dörfer und Städte geben. Aufgrund unserer Veranlagung müssen wir in einem gemeinschaftlichen Rahmen leben. Menschen, die kein Verantwortungsgefühl für die Gesellschaft oder das Allgemeinwohl zeigen, handeln wider die menschliche Natur. Für das Überleben der Menschheit brauchen wir eine echte Zusammenarbeit, die sich auf der Einsicht gründet, daß wir alle Brüder und Schwestern sind.

Freunde geben uns ein Gefühl der Sicherheit. Ohne
Freunde fühlen wir uns sehr einsam. Manchmal finden wir
keine geeignete Person, mit der wir uns austauschen können und die unsere Zuneigung erwidert. Dann ziehen wir
vielleicht ein Tier vor, etwa einen Hund oder eine Katze.
Das zeigt, daß sogar Menschen, die ihre vertrauten Freunde
verlieren, jemanden brauchen, mit dem sie ihre Gedanken
und Gefühle austauschen können. Ich selbst mag meine
Armbanduhr, auch wenn sie mir nie irgendwelche Zuneigung zeigt. Um als Mensch innere Zufriedenheit zu erlangen, ist es am besten, wenn man einen anderen Menschen
liebt, und sollte das nicht möglich sein, wenigstens irgendein Tier. Wenn Sie echte Zuneigung zeigen, werden Sie eine
entsprechende Resonanz bekommen, die Sie mit Zufriedenheit erfüllt. Wir alle brauchen Freunde.

Es gibt verschiedene Einstellungen zur Freundschaft.
Manchmal sind wir vielleicht der Ansicht, daß wir Macht
und Geld brauchen, um Freunde zu haben, aber das stimmt
nicht. Solange das Glück auf unserer Seite ist, scheinen
Freunde dieser Art zu uns zu stehen, aber wenn uns das
Glück verläßt, verlassen auch sie uns. Sie sind keine wah-
ren Freunde; sie sind Freunde des Geldes und der Macht.
Der Alkohol ist ein weiterer unzuverlässiger Freund. Wenn
Sie zuviel trinken, brechen Sie zusammen, und selbst Ihre
Träume werden unangenehm.

Es gibt aber andere Freunde, die unabhängig von der
jeweiligen Situation zu uns halten. Solange es uns gutgeht
und wir Erfolg haben, kommen wir auch so zurecht. In
Notzeiten aber brauchen wir wahre Freunde. Um echte
Freundschaften schließen zu können, müssen wir selbst ein
Umfeld schaffen, das angenehm ist. Wenn wir ständig voller
Wut sind, werden sich nicht viele Menschen von uns an-

gezogen fühlen. Mitgefühl oder Altruismus hingegen zieht Freunde an. Das ist ganz einfach.

Alle Religionen auf der Welt betonen die Wichtigkeit von Mitgefühl, Liebe und Vergebung. Sie bieten vielleicht unterschiedliche Interpretationen an, aber verallgemeinernd gesagt beruht das Selbstverständnis aller Religionen auf Brüderlichkeit, Schwesterlichkeit und Mitgefühl. Wer an Gott glaubt, betrachtet seine Liebe zu seinen Mitmenschen meist als Ausdruck seiner Liebe zu Gott. Wenn jemand aber behauptet »Ich liebe Gott« und gleichzeitig seinen Mitmenschen gegenüber keine aufrichtige Liebe zeigt, dann, glaube ich, befolgt er nicht Gottes Gebot. Viele Religionen betonen die Bedeutung der Vergebung. Liebe und Mitgefühl sind die Voraussetzung für echte Vergebung. Ohne sie ist es schwierig, die Fähigkeit zu vergeben zu entwickeln.

Liebe und Mitgefühl sind grundlegende menschliche Eigenschaften. Vom buddhistischen Standpunkt aus ist Liebe der Wunsch, anderen Lebewesen dabei zu helfen, das Glück zu erlangen, während Mitgefühl der Wunsch ist, daß andere Lebewesen frei vom Leiden sind. Mitgefühl beruht nicht auf Eigennutz, der etwa in einem Satz wie diesem zum Ausdruck kommt: »Dies sind meine Freunde, deshalb möchte ich, daß sie frei von Leid sind.« Echtes Mitgefühl kann sich sogar auch auf die eigenen Feinde erstrecken, da der eigentliche Ursprung des Mitgefühls ja das Erkennen des Leidens anderer Lebewesen ist, und dazu gehören auch unsere Feinde. Wenn Sie sehen, daß Ihre Feinde leiden, dann können Sie selbst für diejenigen, die Sie verletzt haben, echtes Mitgefühl entwickeln.

Gewöhnliches Mitgefühl und gewöhnliche Liebe führen zu einem Gefühl großer Nähe, im Grunde genommen ist dies aber ein Verhaftetsein. Gewöhnliche Liebe dauert an, solange wir die andere Person als schön oder gut empfinden; sobald er oder sie uns aber als weniger schön oder gut erscheint, verändert sich unsere Liebe völlig. Auch wenn jemand uns als lieber Freund vorkommt und wir ihn sehr lieben, kann die Situation bereits am nächsten Morgen eine ganz andere sein. Obwohl er immer noch dieselbe Person ist, wirkt er eher wie ein Feind. Anstatt Mitgefühl und Liebe zu fühlen, empfinden wir nun Feindseligkeit. Bei echter Liebe und echtem Mitgefühl spielen das Aussehen und das Benehmen eines anderen Menschen keine Rolle.

Aufrichtiges Mitgefühl entsteht, wenn man das Leiden eines anderen erkennt. Man empfindet ein Verantwortungsgefühl und möchte ihm oder ihr helfen. Es gibt drei Arten des Mitgefühls: Die erste ist der spontane Wunsch, daß andere empfindungsfähige Wesen vom Leiden frei sind. Wir finden ihr Leiden unerträglich und möchten sie davon befreien. Die zweite Art besteht nicht allein in dem Wunsch, daß es ihnen gutgeht, sondern in einem wirklichen Verantwortungsgefühl, in der Bereitschaft, ihr Leiden zu lindern und sie aus ihrer unerfreulichen Situation zu befreien. Diese Art von Mitgefühl wird durch die Erkenntnis verstärkt, daß alle Lebewesen vergänglich sind, daß sie sich aber an das Fortbestehen ihrer Existenz klammern und daher Verwirrung und Leid erfahren. Echtes Mitgefühl erzeugt ein spontanes Verantwortungsgefühl, sich für das Wohl anderer einzusetzen, und es verleiht uns den Mut, diese Verantwortung auf uns zu nehmen. Die dritte Art von Mitgefühl wird durch die Weisheit getragen, daß Lebewesen sich an die Existenz einer nur ihnen innewohnenden, unabhängigen Wesenhaftigkeit klammern, obwohl sie keine solche Wesenhaftigkeit besitzen, sondern Teil eines vielfach miteinander verflochtenen Ganzen sind. Mitgefühl, das von dieser Einsicht begleitet wird, ist die höchste Stufe des Mitgefühls.

Um echtes Mitgefühl in uns zu entwickeln, müssen wir das Wesen des Leidens und den Zustand des Leidens erkennen, in dem sich empfindungsfähige Wesen befinden. Weil wir wollen, daß andere Lebewesen von ihrem Leiden befreit werden, müssen wir zuerst erkennen, was Leiden ist. Als Buddha die »Vier Edlen Wahrheiten« verkündete, sprach er von drei Arten von Leiden: offensichtliches, heftiges Leiden – etwa durch körperliche Schmerzen; das Leiden des Wandels – durch angenehme Erfahrungen beispielsweise, die sich in Leiden verwandeln können; drittens das überall vorhandene Leiden, das die grundlegende Eigenschaft aller abhängigen Existenz darstellt.

Um Mitgefühl zu entfalten, muß man zunächst einmal über das Leiden nachdenken und es als solches erkennen. Will man das Wesen des Leidens ergründen, ist es hilfreich, nach einer Alternative zu suchen und zu prüfen, ob es möglich ist, das Leiden überhaupt zu beseitigen. Wenn es keinen Ausweg gibt, dann wirkt das bloße Nachdenken über das Leiden bedrückend, und das ist wenig hilfreich. Wenn es keine Möglichkeit gibt, das Leiden zu beseitigen, dann ist es besser, nicht darüber nachzudenken.

Nachdem er den Ursprung des Leidens beschrieben hatte, sprach Buddha über die Beendigung des Leidens und über den Weg, der zu seiner Beendigung führt. Erkennt man, daß es tatsächlich möglich ist, die Wurzeln des Leidens zu beseitigen, dann bestärkt einen diese Erkenntnis in der Entschlossenheit, das Leiden auf allen Ebenen zu erkennen und darüber zu reflektieren. Das wiederum bewegt den Betreffenden dazu, nach Befreiung zu streben.

Nachdem wir über das Wesen des Leidens nachgedacht

haben und zu der Überzeugung gekommen sind, daß es einen Weg gibt, der zur Beseitigung des Leidens führt, ist es für uns wichtig zu erkennen, daß alle Lebewesen glücklich sein und nicht leiden wollen. Jeder hat das Recht, glücklich zu sein und das Leiden zu überwinden. Wenn wir über uns selbst nachdenken, bemerken wir, daß wir den natürlichen Wunsch haben, glücklich zu sein und das Leiden zu überwinden, und daß dieser Wunsch nur recht und billig ist. Erkennen wir, daß alle Lebewesen ein natürliches Recht haben, glücklich zu sein, das Leiden zu überwinden und ihre Wünsche zu erfüllen, so steigt in uns ein spontanes Gefühl für unseren eigenen Wert auf.

Der einzige Unterschied zwischen uns und den anderen besteht in der Anzahl. Wir sind lediglich ein Wesen unter zahllosen anderen. Gleichgültig, wie wichtig wir sind, wir sind nur *ein* empfindungsfähiges Wesen, ein einzelnes Selbst, während die anderen unendlich viele sind. Es besteht aber ein engverflochtenes Wechselverhältnis zwischen uns allen. Unser Glück und unser Leid haben sehr viel mit anderen zu tun. Das gehört auch zur Realität. Wenn unter diesen Voraussetzungen neun Finger geopfert werden, um einen zu retten, dann ist das unklug. Wenn aber einer geopfert wird, um neun Finger zu retten, dann lohnt es sich vielleicht.

Vor diesem Hintergrund begreifen wir die Bedeutung unserer Rechte und die Bedeutung der Rechte der anderen sowie die Bedeutung unseres Wohlergehens und die Bedeutung des Wohlergehens der anderen. Aufgrund ihrer unendlichen Anzahl werden die Rechte und das Wohlergehen der anderen äußerst wichtig. Das Wohlergehen der anderen ist nicht nur wegen der reinen Zahlen so wichtig, sondern auch, weil wir schließlich selbst die Verlierer wären, wenn wir die unendlich vielen anderen unserem eigenen Glück zuliebe opfern würden. Wenn wir mehr an unsere Mitmenschen und an unsere Mitgeschöpfe denken, uns für ihre Rechte einsetzen und ihnen helfen, gewinnen wir am Ende selbst dabei.

Das Glück und das Wohlergehen von zahllosen anderen zugunsten des eigenen Glücks zu opfern, ist nicht nur schädlich, wenn wir die Meditationen des Bodhisattva-Weges durchführen, weil es uns daran hindert, Fortschritte auf dem spirituellen Weg zu machen. Auch im Alltag sind wir schließlich selbst die Verlierer und müssen die Konsequenzen ausbaden, wenn wir das Glück und das Wohlergehen von zahllosen anderen zugunsten unseres eigenen Glücks und Wohlergehens opfern.

Wenn Sie eigennützig sein wollen, dann seien Sie es doch auf eine kluge und nicht auf eine dumme Art! Wenn Sie anderen aus einer aufrichtigen Motivation und aus echter Fürsorge heraus helfen, dann erhalten Sie dafür ein größeres Glück, mehr Freunde, mehr freundliche Blicke und einen größeren Erfolg. Wenn Sie die Rechte der anderen außer acht lassen und sich nicht um ihr Wohlergehen kümmern, werden Sie am Ende sehr einsam sein.

Selbst unsere Feinde sind uns sehr nützlich, denn Mitgefühl erfordert Toleranz, Vergebung und Geduld, die Gegenmittel gegen Wut. Um Toleranz, Vergebung und Geduld zu erlernen, brauchen wir jemanden, der uns Probleme bereitet. So gesehen gibt es keinen Grund, auf unseren Feind oder jemanden, der uns Probleme bereitet, wütend zu sein. Im Gegenteil, wir sollten ihnen für diese Gelegenheit dankbar sein. Unabhängig davon, ob jemand vorhatte, uns zu helfen – immer wenn wir etwas finden, was uns nützt, sollten wir uns diese Gelegenheit zunutze machen.

Man könnte natürlich einwenden, daß ein Feind nicht den ausdrücklichen Wunsch hat, uns zu helfen, sondern ganz im Gegenteil, die ausdrückliche Absicht, uns zu schaden, und daß unsere Wut folglich gerechtfertigt ist. Das ist wahr. Wir definieren ja jemanden als unseren Feind, weil er uns Schaden zufügen will. Einen Chirurgen, der uns einen Arm oder ein Bein amputiert, bezeichnen wir nicht als Feind, weil Chirurgen im allgemeinen ja nicht die Absicht haben, uns Schaden zuzufügen. Da unser Feind die Absicht hat, uns zu schaden, bezeichnen und identifizieren wir ihn als Feind, und das gibt uns die Gelegenheit, uns dieser Person gegenüber in Geduld und Toleranz zu üben.

Um allen Lebewesen gegenüber Mitgefühl empfinden zu können, ist es wichtig, daß wir imstande sind, unseren Feinden gegenüber ein aufrichtiges Gefühl der Geduld und der Toleranz zu entwickeln. Um unseren Feinden gegenüber wirklich geduldig sein zu können, gibt es verschiedene Arten des geistigen Trainings. Wenn Sie zum Beispiel durch einen Schuß verletzt worden und voller Wut sind, dann sollten Sie die Situation analysieren und sich fragen, worauf Sie wütend sind. Wenn ich auf den Gegenstand, der mich verletzt hat, wütend bin, dann müßte ich auf die direkte Ursache für meine Verletzung, also auf die Kugel, wütend sein. Wenn ich hingegen auf die ursprüngliche Ursache meiner Verletzung wütend bin, dann müßte sich meine Wut auf die Wut der Person richten, die auf mich geschossen hat. Das ist aber nicht der Fall. Ich bin nicht auf die Kugel und auch nicht auf die Wut der anderen Person wütend, sondern auf die Person, die nur das Werkzeug ist. Unter anderen Umständen könnte sich dieselbe Person als guter Freund erweisen.

Solange dieses negative Gefühl vorhanden ist, erscheint uns jene Person als Feind. Sobald aber ein positives Gefühl entsteht, wird sie zum Freund. Die Person (als solche) erscheint uns also je nach Umstand, also je nachdem, welcher geistige Einfluß jeweils vorherrscht, verschieden. Logischerweise müßten wir, wenn wir auf die Ursache unserer Verletzung wütend sein wollten, auf die Wut in jener Person wütend sein. Ebenso wie wir erkennen können, welche destruktive Wirkung die Wut in uns entfaltet, wie sie unseren inneren Frieden, unser inneres Gleichgewicht zerstört, so können wir auch erkennen, welche Auswirkungen die Wut des Feindes hat. Auch sein Bewußtsein und sein Glück leiden darunter.

Wenn Ihnen jemand in seiner Wut ein Leid antut, dann sollten Sie, statt wütend auf ihn zu sein, Barmherzigkeit und Mitleid für ihn empfinden, weil der Betreffende selbst leidet. Diese Überlegung wird Ihnen helfen, die Intensität Ihrer Wut abzuschwächen. Wenn Sie Ihren Geist auf diese Weise schulen, werden Sie allmählich imstande sein, Ihr Mitgefühl auf alle Lebewesen, Ihren Feind inbegriffen, auszudehnen.

Selbst ich, ein praktizierender buddhistischer Mönch – wobei ich mit meiner Praxis keineswegs zufrieden bin –, selbst ich, der ich nie genug Zeit habe, kann mich allmählich, Schritt für Schritt wandeln. Ich kann meine eigene geistige Haltung verändern, und das bereitet mir Freude und gibt mir innere Kraft. Brüder und Schwestern, bitte denken Sie einmal darüber nach. Wenn Sie irgendwann einmal meinen, ein wenig üben zu können, dann versuchen Sie es bitte einmal und betrachten Sie es als eine Art Experiment. Mit der Zeit können Sie vielleicht einigen Nutzen daraus ziehen. Wenn Sie aber das Gefühl haben, daß es nicht funktioniert, machen Sie sich keine Sorgen und seien Sie auch nicht bekümmert.

Mitgefühl oder Altruismus ist wirklich wundervoll. Manchmal erfüllt es mich mit Staunen, daß wir Menschen einen solchen Altruismus überhaupt entfalten können. Denn Altruismus ist eine kostbare Quelle der inneren Kraft, des Glücks und künftigen Erfolgs.